Éditions du cram
MONTRÉAL

Respirer et renaître

GEORGES-HENRI ARENSTEIN
Psychologue

Respirer et renaître

Avec la collaboration de
ÉLODIE LAVOIE, B.SC. Psychologie

Éditions du cram

Les Éditions du CRAM
1030 Cherrier, bureau 205,
Montréal (Québec) H2L 1H9
514 598-8547
www.editionscram.com

Conception graphique
Audrey Phillips

Édition
Marie Desjardins

Correction
Marie-Claude Hébert

Illustration de couverture
Anne Anderson
Extrait huile

Dépôt légal – 3e trimestre 2019
Bibliothèque et Archives nationales du Québec
Bibliothèque et Archives Canada

Gouvernement du Québec – Programme de crédit d'impôt pour l'édition de livres – Gestion SODEC.

Société de développement des entreprises culturelles Québec

Financé par le gouvernement du Canada | Canada

Canada : Diffusion Prologue
France et Belgique : DG Diffusion
Suisse : Transat Diffusion

Catalogage avant publication de Bibliothèque et Archives nationales du Québec et Bibliothèque et Archives Canada

Titre : Respirer et renaître / Georges-Henri Arenstein.

Noms : Arenstein, Georges-Henri, 1947- auteur.

Description : Mention de collection: Guide | Comprend des références bibliographiques.

Identifiants : Canadiana (livre imprimé) 20190030453 | Canadiana (livre numérique) 20190030461 | ISBN 9782897212261 (couverture souple) | ISBN 9782897212278 (PDF) | ISBN 9782897212285 (EPUB) | ISBN 9782897212292 (MOBI)

Vedettes-matière : RVM : Rebirth.

Classification: LCC RZ403.R42 A74 2019 | CDD 615.8/36—dc23

Imprimé au Canada

Avertissement

Dans cet ouvrage, le mot *rebirth* est considéré comme synonyme de « palingénésie », « palingénèse » ou encore « respiration consciente ».

Avant-propos

L'être humain peut vivre quelques semaines sans manger, quelques jours sans boire, mais seulement quelques minutes sans respirer. La respiration est à la base d'une grande partie de la vie terrestre. Sans trop y prêter attention, nous inspirons et expirons environ douze à vingt fois par minute. L'acte respiratoire, réflexe parfois volontaire, parfois involontaire, est influencé par nos émotions, nos pensées, nos sensations, et, bien sûr, par toute notre histoire personnelle. Ainsi, notre façon de respirer nous donne de bons indices sur notre manière d'aborder la vie.

La palingénèse (du grec « palin », de nouveau, et « genèse », commencement) est une technique de croissance personnelle basée sur le souffle. Cette technique se révèle très puissante pour prendre conscience d'anciens traumatismes non résolus, pour exprimer des émotions emprisonnées dans le corps, et, enfin pour amorcer un changement. Le *rebirth* est communément perçu comme une technique de régression destinée à nous faire revivre un ou plusieurs évènements de notre petite enfance, voire de notre naissance. Selon Camattari[1], le *rebirth* est une technique de respiration puissante et efficace.

---

1 CAMATTARI, G. (1992). *Relaxation totale : Les 10 méthodes les plus modernes et efficaces*. Éd. De Vecchi.

Chapitre 1

Le *rebirth* ? Une histoire insolite et amusante. Au début des années soixante, le jeune Léonard Orr avait l'habitude de fréquenter un spa et une piscine. Il avait aussi l'habitude de passer un certain temps dans le sauna pour relaxer. Il remarqua une pancarte sur laquelle ces mots étaient inscrits : « Ne pas dépasser vingt minutes. » Il s'était toujours soumis à cette consigne.

Pourtant, un jour, la curiosité l'emporta. Il se demanda ce qui pourrait se passer s'il dépassait le temps limite. Léonard Orr resta par conséquent volontairement dans le sauna plus longtemps que prévu. Au bout d'environ trente minutes, il se mit à haleter, les battements de son cœur s'accélérèrent et il fut pris de vertige. Il perdit presque connaissance. Puis il sentit que plusieurs bras le sortaient du sauna et l'allongeaient dans un corridor. Quelques secondes plus tard, Léonard eut une vision de sa propre naissance. Il se vit et se sentit sortir de l'utérus maternel et être reçu par le médecin. Il rapporta également avoir vu sa grande sœur présente dans la salle d'accouchement. Or, il avait toujours ignoré que sa sœur avait assisté à sa venue au monde. D'emblée, après cette vision, le jeune homme interrogea sa mère à ce sujet, et mentionna que ce jour-là – celui de sa naissance – sa sœur était vêtue de rouge. Est-il besoin de souligner la stupéfaction de sa mère ? Celle-ci confirma les dires de son fils tout en se demandant comment il avait pu obtenir cette information alors qu'elle ne lui en avait jamais parlé.

Le jeune Léonard soupçonna alors qu'il venait de faire une découverte importante. Il répéta l'expérience tantôt seul, tantôt avec des amis. Léonard rapporta que plusieurs de ses amis eurent dans ce contexte des souvenirs partiels de leur naissance ou alors eurent des convulsions et des tremblements qui faisaient penser au passage du bébé dans le canal utérin.

Il y a lieu de préciser que ces premières expériences se déroulaient dans un climat de très haute tension émotive et à la fois de camaraderie. Ainsi naquit le premier postulat que vivre un moment prolongé de respiration dans la chaleur et dans l'humidité permettait de revivre une ou plusieurs phases de la naissance. Certains participants, toutefois, ne revivaient pas leur naissance, mais retrouvaient des souvenirs divers, les uns agréables, les autres désagréables. Ils croyaient que ces souvenirs étaient enfouis au fond de la mémoire.

Puis Léonard eut une intuition : il serait préférable de profiter de plusieurs séances à sec, par exemple sur un matelas, avant de s'exposer au *rebirth* mouillé.

Il s'ensuivit l'hypothèse qu'une intensification de la respiration produisait des effets spectaculaires, lesquels peuvent être récupérés en thérapie.

Le côté merveilleux et quasiment magique de tout cela orienta Léonard Orr vers la psychothérapie du souffle.

Par la suite, Léonard Orr greffa à cette découverte plusieurs concepts complémentaires : les « durs à cuire[2] », autrement dit, des traumatismes : la naissance, le syndrome de désapprobation parentale, les croyances négatives, la pulsion de mort, le karma des vies antérieures, le traumatisme de l'entrée à l'école, le traumatisme religieux et le traumatisme dû à la sénilité. Le traumatisme de la naissance est l'empreinte que laisse son jour de délivrance. Par exemple, si on naît avec l'aide de forceps, cela laissera des traces dans la psyché. Le syndrome de désapprobation parentale se passe lorsqu'un enfant remet constamment en question l'autorité parentale. Les croyances négatives sont un schème de pensée selon lequel tout est noir. Voir tout du côté négatif. La pulsion de mort est la pulsion d'autodestruction ou de destruction innée en soi. Le karma des vies antérieures constitue la réminiscence des vies passées, selon le concept personnel de la spiritualité de Orr. Les autres traumatismes sont dus à une expérience négative ou tout simplement à l'anticipation du côté négatif de l'expérience. Cela crée un mauvais présage, puis un mauvais souvenir.

Il y a lieu d'ajouter à cela l'importance capitale qu'accorda Léonard Orr aux quatre éléments constitutifs de la planète, à savoir la terre, l'air, l'eau et le feu. Léonard Orr considère que si les gens s'imprègnent fortement de ces quatre éléments, ils pourraient accéder à l'immortalité physique. Attention ! Il ne s'agit pas ici de réincarnation, mais bien davantage de transfiguration[3]. En effet, Léonard déclara clairement : « Je ne vais pas mourir, je vais

2 The *biggies*.

3 Transfiguration : transformation d'une personne humaine ; la physionomie, l'expression, prend un éclat, un rayonnement inhabituel.

me transformer en lumière et continuer ma mission sur Terre. »

Pour vivre avec la terre ou la côtoyer, Léonard Orr recommande de marcher pieds nus, si possible sur du sable ou du gazon, ou à défaut, sur le plancher. Il est vrai qu'avec la vie en ville, avec les chaussures, les sandales, les tapis, marcher en contact avec la terre devient de plus en plus difficile. Mais on peut faire un effort et marcher pieds nus le plus souvent possible.

Pour vivre en harmonie avec l'air, Orr recommande bien sûr de respirer de l'air pur là où c'est possible. Il suggère aussi bien entendu de faire des *rebirths* sur une base régulière, et pourquoi pas, quotidienne.

Pour vivre en harmonie avec l'eau, Léonard Orr recommande de se baigner le plus souvent possible, une fois par jour dans une baignoire si on en a l'occasion. Sinon, la douche fera l'affaire. Pour les gens qui demeurent à proximité d'une rivière ou d'un océan, il leur est recommandé d'en profiter.

Pour vivre en harmonie avec le feu, Léonard Orr recommande d'allumer un feu dans la cheminée pour les personnes qui ont la chance d'en avoir une. Sinon, des bougies feront l'affaire même si leur effet est nettement moins grand.

Comme il faut reconnaître que ces quatre éléments fondamentaux de notre planète se sont perpétués pendant des millénaires, et ce, sans faiblir, il est permis de considérer que vivre en harmonie avec eux nous fera du bien. De là à considérer que cela nous permette de devenir immortels… il y a tout un pas à franchir.

Dès le début de la technique du *rebirth*, Léonard Orr publia plusieurs livres. Un en particulier fut rédigé avec une collaboratrice, Sondra Ray. Cet ouvrage très bien fait traite de la relation amoureuse et des processus pour effectuer des *rebirths* en couple. Un autre collaborateur, Phil Laut, publia un essai dans le même esprit.

Léonard Orr ajoute à ces techniques une dynamique d'abondance. Celle-ci consiste à modifier nos croyances irréalistes à propos de l'argent (« Ce sont toujours les mêmes qui font de l'argent, l'argent est sale, les nantis ont sûrement fraudé pour accumuler des richesses, etc. »). Pour Léonard Orr, la dynamique d'abondance s'exprime par la rentrée et la sortie de l'argent, un peu comme l'air qu'on inspire et qu'on expire, un peu comme les aliments qu'on mange et qui sont expulsés. On s'approche ici des concepts psychanalytiques.

S'ajoute à cela une dimension spirituelle. Léonard ne cacha jamais qu'il était croyant, religieux. Tout au cours de son développement, il fut largement influencé par l'hindouisme et la méditation. Il s'y adonnait régulièrement et incitait les résidents de son centre à faire de même.

Léonard Orr se fait appeler Lenraja. Il demeure à Staunton, Virginie, avec sa femme, Elvi. Léonard a deux enfants, un garçon et une fille, tous les deux adultes. Il continue à organiser une ou deux fois par année une formation en *rebirth* à Campbell Hot Springs (Californie).

Chapitre 2

Il semble que pour des raisons anatomiques, il n'est pas possible de se souvenir de sa naissance. Toutefois, celle-ci peut laisser des traces. Le jour de notre délivrance et la période où l'on était bébé influenceront beaucoup notre avenir. Par exemple, quand on est bébé, on apprend les rudiments de sa langue maternelle et on commence à développer ses modèles d'attachement.

Une bonne respiration est une étape cruciale pour bien prendre conscience de soi, ce qu'on oublie trop souvent. En général, on constate que les gens respirent la quantité minimale d'air nécessaire pour survivre (la loi du moindre effort) : ainsi, les gens sont sous-ventilés. En Occident, avec la sédentarisation, les gens respirent moins qu'avant. Nous utilisons en moyenne trente pour cent de notre capacité pulmonaire idéale[4].

Nos actions pour prendre soin de soi sont, le plus souvent, banales ou insuffisantes : les gens mentionnent leurs habitudes pour se distraire : regarder la télévision fascine et « hypnotise » pendant quelques heures, jouer à des jeux de société permet de rire et de s'amuser, promener le chien fait prendre l'air, cuisiner et lire... Toutefois,

4 Thompson, 2017.

ces activités ne rejoignent pas l'individu au plus profond de lui-même.

Mais par où commencer pour prendre soin de soi? L'hygiène respiratoire doit se trouver sur le même plan d'importance que l'hygiène corporelle journalière, comme se brosser les dents. La personne qui s'aime elle-même devrait chercher à respirer le mieux possible. Toute personne qui vise une santé optimale cherche en effet à améliorer plusieurs aspects de sa vie quotidienne. Quand on prend conscience que nous avons un certain contrôle sur notre respiration, nous pouvons faire des exercices afin d'atteindre une respiration idéale. À ce propos, mentionnons le « prana » dans la discipline du yoga. *Prana* est un mot sanskrit qui signifie « respiration, souffle, énergie vitale ». Le *pranayama* implique la maîtrise et la régulation du souffle. Le deuxième sens de ce terme évoque l'allongement du souffle. Les techniques de respiration *pranayama* supposent une diminution de la consommation d'oxygène par cet allongement du souffle[5]. Des enfants présentant une déficience intellectuelle ont profité d'un entraînement de yoga avec *pranayama* et méditation, cinq heures par semaine durant une année scolaire. Ils ont vu leur quotient intellectuel ainsi que leur niveau d'adaptation sociale augmenter significativement[6]. Ces techniques de contrôle respiratoire entraînent des bienfaits sur la plasticité cérébrale (propriété du cerveau qui lui permet de former de nouveaux circuits).

5 Jerath, Edry, Barnes & Jerath. 2006.
6 Uma et coll., 1989.

Le *rebirth* est une technique (et non une approche[7]), c'est-à-dire un outil, au même titre que la relaxation, l'hypnose ou la sophrologie[8]. Cette technique ne constitue pas une psychothérapie en elle-même. Il s'agit d'un outil d'appoint qui peut s'insérer dans une ou plusieurs approches. Par exemple, en psychothérapie Gestalt, la « chaise vide[9] » est une technique. Cette dernière consiste à parler à une personne imaginaire, symboliquement placée sur une chaise. La « chaise vide » permet l'intégration de différentes parties de la personnalité, le plus souvent niées. Cette technique permet au client de verbaliser, d'être en contact avec ses émotions refoulées, ce qui facilite le travail thérapeutique. Pour bien réussir une intervention et permettre à une thérapie de progresser, il est parfois utile de combiner plusieurs techniques.

La matière du cerveau est composée de cellules nerveuses, les neurones, et de cellules non neuronales, les glies. Le neurone peut être perçu comme un arbre : l'axone (le tronc) véhicule les influx nerveux, et les terminaisons (les racines) de l'axone ont des dendrites aux extrémités. Dans la couronne des feuilles de l'arbre, on peut imaginer un noyau avec un corps cellulaire ; cette couronne représente la multitude de dendrites. Sur l'axone et les dendrites, on retrouve des synapses. En fait, les neurones se connectent principalement entre eux par les synapses sur l'arborisation dendritique. Synapse vient

7 Une « approche » en psychothérapie est une méthode d'intervention basée sur une théorie de la personnalité. Une « technique » est également une méthode d'intervention, mais moins élaborée, moins complexe ; elle s'insère dans une approche qui l'encadre et lui donne un sens.

8 « so », harmonie, « phren », esprit, et « logie », étude.

9 *Hot seat* en anglais.

du grec : « *syn* » veut dire « ensemble, avec » et « *haptein* » signifie « joindre, toucher ». Les synapses peuvent être électriques ou chimiques. C'est par les synapses que le potentiel d'action électrique et les messagers chimiques, les neurotransmetteurs, diffusent les signaux en circuit ou dans une région spécifique du cerveau pour former en partie la cognition.

L'amygdale, située dans le lobe temporal, est une région cérébrale nécessaire pour décoder nos émotions et percevoir celles d'autrui. L'hippocampe, situé aussi dans la région temporale, est le siège de la capacité à former de nouveaux souvenirs en mémoire explicite. La région temporale se trouve dans la partie latérale et inférieure du cerveau. L'amygdale et l'hippocampe forment une boucle interdépendante qui encode les souvenirs émotionnels[10].

Certaines expériences en neurologie seraient carrément inhumaines à faire chez l'homme, c'est pourquoi le rat et le singe sont beaucoup utilisés en science. L'amygdale du rat contient plus de deux fois plus de synapses que l'hippocampe du rat à la naissance[11]. Chez le singe rhésus, le développement des fonctions de l'amygdale est plus rapide que celui de l'hippocampe[12]. Ainsi, il est permis de déduire que la maturation de l'amygdale chez l'humain arrive avant celle de l'hippocampe. Ainsi, nous pouvons garder une impression émotionnelle inconsciente de notre naissance et de notre toute petite enfance sans que le souvenir soit stocké consciemment en mémoire explicite.

---

10 Richardson, Strange & Dolan. 2004.

11 Morys et collègues. 1997.

12 Payne et collègues. 2010.

Chapitre 3

Une étude suédoise a comparé le type de naissance de deux cent quarante-deux personnes nées à Stockholm de 1945 et 1980 et qui se sont suicidées de 1978 à 1995. Ces naissances ont été comparées avec quatre cent trois frères ou sœurs biologiques nés durant la même période. Les suicidés ont subi environ deux fois plus d'interventions médicales à la naissance comparativement à leur fratrie. Les interventions utilisées par l'obstétricien ou la sage-femme étaient, entre autres, la césarienne, la réanimation et l'utilisation d'instruments lors de la délivrance. Pour de multiples traumas à la naissance, le risque que la progéniture commette un suicide est de quatre virgule neuf fois plus élevé pour les hommes et de un virgule zéro quatre fois plus élevé pour les femmes[13].

À première vue, le *rebirth* semble être un simple « massage » des bronches. En réalité, sur le plan profond, il s'agit d'une véritable expérience, une rencontre entre notre moi, notre ego (partie mentale) et notre Soi. Le Soi est une expérience non verbale de bien-être, d'identité et de continuité ressentie dans tout le corps – un ressenti positif et agréable issu de ce noyau permanent de l'être, là où on se retire pour y chercher, de notre propre ini-

13 Jacobson & Bygdeman. 1998.

tiative, un réconfort, un soutien, de l'énergie[14]. Le Soi est intact lorsqu'on a été aimé et encouragé par nos parents. Avec les années, des blessures peuvent s'accumuler : le Soi se morcelle, c'est la fragmentation. Si cela perdure et empire, il y a dissociation. On peut se dissocier d'une situation par manque de concentration ou pour d'autres raisons. Cela peut être passager ou se manifester dans le quotidien habituel. Un objectif du *rebirth* est de trouver l'union entre les émotions et le corps et d'être présent à ce moment. L'ego diffère du Soi. L'ego est fonctionnel : il se développe comme il peut, en dépit des blessures. C'est la partie de notre personnalité qui nous fait agir dans le monde. L'ego s'arrange pour masquer les blessures, notamment grâce aux mécanismes d'adaptation[15], pour essayer d'arriver au succès social[16]. La déflexion, du verbe défléchir (ou déflecter), permet entre autres au sujet de dévier vers autrui un élément de l'environnement qui lui était destiné. Ce pourrait être de répondre à une question par une autre question ou de renvoyer un compliment à l'auteur d'un compliment au lieu de le remercier. Un autre mécanisme d'adaptation est l'introjection (introjecter). Le sujet « avale tout rond » des éléments qui font partie de l'environnement : une idée, une valeur, un accent, une coutume... L'exemple typique est l'enfant qui croit au père Noël : il a introjecté cette information. Un autre exemple, culturel celui-là, consiste à découper les deux

14 Rosenberg, J. L. ; Rand, M. (1989). *Le corps, le Soi et l'âme*, Éd. Québec Amérique.

15 La psychanalyse parle de mécanismes de défense, alors que l'approche humaniste parle plutôt de mécanismes d'adaptation.

16 Le succès social peut se définir comme la réussite de ses interactions sociales sous différents aspects : sincérité, statut social, responsabilité, empathie perçue et interactivité.

extrémités d'un concombre et de frotter le bout contre la paroi mise à nu jusqu'à ce qu'une petite mousse blanche fasse son apparition. Ce geste existe beaucoup plus en Amérique du Nord qu'en Europe. Il est transmis de génération en génération, prétendument pour éliminer l'acidité ou l'amertume du concombre. L'utilité de ce geste n'a jamais été formellement démontrée; il a d'ailleurs tendance à disparaître.

Il est à prévoir, lors de cette rencontre entre l'ego et le Soi qu'elle produise une réconciliation entre eux; en effet, l'ego réagit, gère ses affaires, contrôle tout ce qu'il peut et vit des émotions; le Soi profond est plus intime. On le retrouve dans la religion bouddhiste où on le désigne sous le nom d'*atman*: c'est la partie où on va se réfugier lorsqu'on est triste ou lorsqu'on se sent attaqué. Mahler[17] nous dit par contre que le Soi profond peut, lui aussi, être blessé. Arnaud Desjardins le décrit en ces termes: « Notre Soi profond est comme un écran de cinéma: il est toujours intact avant, pendant et après la projection du film », et ce, quand il n'est pas blessé[18]. Le mot « atman[19] » a aussi produit le mot « âme ». Et

17 Margaret Mahler. (1897-1985). Psychanalyste américaine née en Hongrie. Elle a étudié la relation mère-jeune enfant et a défini plusieurs étapes du processus de séparation-individuation. Elle distingue aussi la naissance biologique de la naissance psychique.

18 Arnaud Desjardins. (1925-2011). Auteur et enseignant spirituel qui a rayonné en France, au Québec et au Mexique. Il se livre à une spiritualité laïque faite d'une synthèse des religions traditionnelles et des découvertes de la psychologie moderne. On lui doit trente-neuf livres et neuf films.

19 Atman, « souffle vital, principe de vie, âme », est un concept de la philosophie indienne *āstika*. Ce terme signifie « pure conscience d'être » et désigne traditionnellement le vrai Soi, par opposition à l'ego.

« *atmen* » (en allemand) veut dire « respirer ». Par un étrange glissement de sens, en français, il a donné le mot « asthme » (mauvaise respiration).

Il s'agit par conséquent d'une rencontre entre notre moi (ego) et notre Soi profond. Nous ne connaissons que très peu ce dernier ; il peut toutefois nous être accessible par une expérience de régression, justement par le *rebirth*, mais aussi en ayant recours à certaines drogues. Cette dernière stratégie, bien entendu, n'est pas recommandée.

Ce qui explique la grande popularité des drogues et de l'alcool, c'est que cela apporte un état modifié de conscience, parfois agréable, et ce, en quelques secondes ou minutes, et sans effort. Le *rebirth*, lui aussi, donne lieu à un état modifié de conscience agréable. Une pratique assidue permet d'arriver à un tel état. En effet, il s'agit d'emmagasiner, au moyen d'une respiration amplifiée et soutenue, une grande quantité d'oxygène. Il est à remarquer que le *rebirth* n'entraîne pas d'effets secondaires négatifs pour le foie ni pour d'autres organes. De plus, il est nettement moins coûteux que la prise de drogues et pas du tout dangereux. Au contraire, une bonne oxygénation du corps, comme nous le verrons plus tard, est tout à fait bénéfique.

Cette rencontre avec notre Soi profond est donc d'une extrême importance puisque, si elle n'a pas lieu, nous demeurons en quelque sorte des étrangers pour nous-mêmes. Nos habitudes particulières de vie nous renseignent sur notre état de sécurité ou d'insécurité, mais elles ne révèlent rien sur notre Soi profond. C'est ainsi que, lorsqu'une telle rencontre a lieu, elle peut occasionner des découvertes. Qu'elles soient agréables ou non, ces découvertes sont une richesse exceptionnelle. En effet, ce que nous découvrons, ce sont des parcelles de nous-mêmes.

Dans une même journée, nous jouons plusieurs rôles, nous endossons plusieurs sous-personnalités ou personnages. Par exemple, un vendeur peut aussi être un époux, un père, un propriétaire de chien, un automobiliste. C'est ainsi que notre ego gère tout seul les différents rôles exigés par notre fonctionnement dans la vie. Le Soi profond, même s'il est présent, semble absent ou oublié.

L'ego étudie en vue d'un examen. Le sujet met tout en œuvre pour réussir car il est conscient des enjeux en vue de son avenir. Il est en proie à des émotions comme la peur, l'anxiété de performance. L'ego tente, maladroitement, de gérer cet amoncellement d'émotions. Advenant un échec, l'ego fabrique des scénarios de catastrophe qui pourraient induire un sentiment de détresse et de dénigrement. Si le sujet présente un Soi intact, il prendra une pause et se réfugiera symboliquement dans son Soi, ce lieu privilégié à l'abri de toute agression.

Chapitre 4

Le mot d'ordre ? « Abandon », ou lâcher-prise. La principale idée est d'accepter l'ensemble de notre vécu et la totalité des pensées et des émotions qui peuvent émerger en nous au cours d'une séance de *rebirth*. C'est à ce moment que l'individu peut s'ouvrir à de nouvelles découvertes sur son monde intérieur. Toutefois, il faut souligner qu'il se présente souvent un réflexe visant à contrôler ou à interrompre le processus de respiration en cours. En effet, cette rencontre entre l'ego et le Soi ne peut survenir que dans un contexte d'abandon à soi. L'ego, ayant traditionnellement peur des émotions, fera tout en son pouvoir pour éviter de les vivre en réduisant l'exercice à son strict minimum, c'est-à-dire un banal mouvement d'inspirations et d'expirations.

L'ego peut tenter de refuser ces découvertes ; c'est pourtant dans cet abandon de soi que se révèle toute la richesse de l'expérience. En cas d'émergence de malaises corporels durant une séance, il est fortement conseillé d'accepter cet état de vulnérabilité comme faisant partie intégrante du processus. L'erreur traditionnelle consiste à chercher à évacuer les malaises et les symptômes. D'ailleurs, cette tentative d'évacuation pourrait être interprétée comme une forme de déresponsabilisation, de fuite ou de sabotage.

Une personne peut ressentir une paralysie, partielle ou totale, des picotements, des bouffées de chaleur, des tremblements, des crispations. Tout cela demande à être accepté comme faisant partie du processus du *rebirth*. Une bonne préparation facilitera cette acceptation, sinon la panique engendrera des mouvements de retrait ou de fuite. La connaissance de l'existence de ces phénomènes permettra au sujet de mieux tolérer ces manifestations.

Lors d'une séance standard, un minimum de confort est de mise : il ne s'agit pas d'une séance de torture, loin de là ! Il est recommandé de disposer sur le sol des coussins et des couvertures, et de se coucher sur le dos sur un matelas. Il s'agit ensuite de fermer les yeux pour favoriser une meilleure concentration sur nos processus internes.

Tous les muscles de notre corps doivent se détendre. À cette étape, il est préférable de ne pas modifier son rythme respiratoire, mais simplement de l'observer. Au bout de trois à cinq minutes, on entreprend la deuxième phase.

Pour favoriser la détente, on peut faire entendre une musique douce, suggérer de fermer les yeux et d'éviter tout mouvement volontaire. Il est préférable que le sujet évite de parler et demeure concentré sur sa respiration, sans rien changer. La musique méditative de type *râga* issue de la musique classique indienne diminue le rythme cardiaque. Les musiques à tempo lent entraînent une fréquence respiratoire lente comparativement à une musique à tempo rapide[20]. La musique méditative indienne diminue ainsi les concentrations de cortisol

---

20 Bernardi, Porta, & Sleight. 2006.

ainsi que de noradrénaline. La noradrénaline est le précurseur de l'adrénaline. Or l'hormone de l'adrénaline est impliquée dans les réactions de stress.

La respiration devient maintenant globale ou totale, sans blocage ni avant l'inspiration, ni après l'inspiration. L'idée est de respirer par la bouche de façon continue en tout temps, et ce, de manière longue, énergique, et profonde au moment de l'inspiration. Celle-ci est une phase active. On vise à remplir totalement la région abdominale et thoracique pour irriguer au maximum les bronches et les poumons, en particulier la région apicale (supérieure). L'expiration, quant à elle, est une phase passive : on ne cherche donc pas à vider entièrement l'air résiduel, puisque le CO_2 résiduel dans les poumons est toujours utile. C'est ce qui prévient l'hyperventilation. On demande donc à la personne ni de pousser, ni de retenir ou freiner son expiration. Il s'agit d'une respiration sans interruption, ni après l'inspiration, ni après l'expiration : elle est cyclique, continue, soutenue, tout au long. Il faut en effet savoir qu'il existe une nette différence entre le *rebirth* et l'hyperventilation. Le premier accroît la quantité d'oxygène dans l'organisme tandis que la deuxième la diminue. Au début de la pratique du *rebirth*, on peut avoir tendance à hyperventiler. Cependant, un intervenant attentif va surveiller son client et gérer l'exercice afin de lui éviter cet inconvénient.

Il s'agit d'essayer de demeurer libre de toute pensée parasite : si possible, il est préférable de rester concentré sur la respiration, et ce, malgré les sensations étranges qui peuvent survenir. Ces sensations étranges sont éphémères. Cette deuxième phase peut durer de trente à quarante-cinq minutes.

Arrive ensuite un retour à la respiration normale, par le nez, ce qui induit une relaxation totale. Cette phase dure habituellement de cinq à dix minutes.

Afin d'éviter les étourdissements, il est suggéré au client de se relever en roulant d'abord sur le côté droit, puis de s'asseoir en s'appuyant sur les bras. Le plus souvent, il est demandé au client de donner un bref compte rendu verbal de son expérience. Certaines personnes ont besoin de mettre des mots sur ce qui vient de se passer. D'autres préfèrent garder le silence, ce qui est légitime.

Chapitre 5

Audrey, Alexe et Maude se sont livrées à une séance de *rebirth*. Elles en témoignent en ces termes :

« Je me suis couchée sur un divan, raconte Audrey, les bras levés au-dessus de la tête, les yeux fermés. Ma respiration au début était abdominale ; j'ai continué à prendre de grandes bouffées d'air par la bouche ; ma respiration s'est peu à peu modifiée en une respiration plus thoracique. Elle s'est ralentie au fur et à mesure du déroulement de la séance. Des picotements accompagnés d'une légère pression à l'intérieur du ventre ont commencé à se faire sentir.

Après la séance, lorsque je me suis redressée, j'ai senti des fourmillements dans les doigts et partout dans le corps. Mes yeux étaient humides et une larme y perlait. Je me sentais bien et détendue. Après avoir plié et déplié les doigts plusieurs fois, ces sensations inhabituelles ont disparu. »

« Lors de cette deuxième expérience de *rebirth*, précise Alexe, je savais un peu à quoi m'attendre. J'ai donc osé me rendre plus loin que la première fois. Il s'agit d'une expérience surtout physique ; en effet, après une dizaine de minutes à respirer de cette façon, j'ai senti des picotements dans les mains et une sorte d'engourdissement dans le corps. Vers la fin de la séance, je ne sentais plus du tout mes mains : j'avais l'impression d'avoir les mains de quelqu'un d'autre et d'avoir perdu les miennes. C'était comme si j'étais dissociée de mon propre corps et que j'en perdais tranquillement le contrôle. Mais ça me convenait comme ça.

Après la séance, j'étais plus calme que d'habitude. J'ai passé une belle soirée avec mon copain. J'étais plus relaxe que je ne le suis normalement, et je n'ai pas eu de difficulté à m'endormir, contrairement à mon habitude.

J'ai bien dormi toute la nuit, mais je commençais un rhume, un mal à la gorge et un début de toux. Comme lors de la première séance, j'ai plus tendance à prendre conscience de ma respiration et je me surprends à tenter de mieux respirer.

J'ai vraiment été surprise de l'intensité de ce que j'ai ressenti physiquement lors de ces deux séances. J'ai osé explorer ce qui me fait peur : perdre le contrôle de mon corps. J'ai envie de continuer à faire l'exercice par moi-même occasionnellement. Mon copain participera peut-être à quelques séances. Le tout a eu un effet positif en ce qui concerne ma perception de mon corps et de la perte de contrôle, ce qui maintenant ne me paraît pas si grave que cela. J'ai compris que ma peur de perdre le contrôle de moi-même était fortement exagérée, et je me rends compte qu'il est possible de perdre le contrôle sans que rien de mal ne m'arrive. »

« C'est une atmosphère agréable, confie Maude. Je rencontre des gens, qui, comme moi, tentent l'expérience pour une seconde fois, dans un endroit où il fait bon d'être. En effet, nous nous réunissons dans un grand atelier juste pour nous dans lequel nous nous mettons à échanger au sujet de notre démarche vers le *rebirth*. Que vient-on chercher avec cette expérience? Dans mon cas, je suis à la recherche du bien-être que le *rebirth* procure, car le souvenir que j'en ai était l'état ressenti s'ensuivant, soit un plein d'énergie.

Nous voilà maintenant allongés, les bras au-dessus de la tête. La respiration vivante (elle est tellement rythmée que je l'appelle «vivante») commence. J'ai l'impression de me plonger dans l'inconnu, et mes pensées se mettent à tourner dans ma tête. Je m'aperçois à quel point la respiration est importante pour notre organisme, et que je me limite à une faible utilisation de cet outil vital. Je trouve l'expérience difficile, je me sens comme dans une activité sportive où j'ai du mal à retrouver mon souffle. Après un instant de découragement, je décide de faire de cette expérience un défi et je me motive à terminer pour ressentir les effets bénéfiques du *rebirth*. Mon but: franchir la zone d'inconfort. Dans mes inconforts, je me questionne: "Qu'est-ce que je fais là? Est-ce que j'ai vraiment besoin de me retrouver dans cette situation et de me mettre en position d'inconfort?"

Les sensations physiques apparaissent. Mes bras deviennent très lourds et mes mains sont parcourues de picotements. J'ai du mal à redescendre les bras tant je les sens engourdis et lourds. Un grand tremblement envahit mon corps et surtout mon ventre. Une fois l'expérience terminée, je fais un retour sur l'expérience et ma voix tremble. Ça ressemble à une envie de pleurer, mais au contraire je me sens euphorique, pleine de vie! Le reste de cette journée a été énergique. Je me sentais bien, avec de l'énergie à revendre! Les journées suivantes ont été surprenantes, j'avais les idées claires ! J'ai vécu ce *rebirth* comme un entraînement physique et mental, une introspection de mon corps et de ma capacité à respirer.

Plus de neuf mois après ma dernière séance, je me lance dans une autre expérience. Cette fois, je sors d'un automne difficile et je suis à la recherche d'énergie. Aux premières respirations, j'éprouve déjà les symptômes physiques, soit la lourdeur dans les bras et le picotement dans les mains. Je ne me décourage pas, parce que je recherche définitivement les bienfaits que le *rebirth* m'apporte. À un certain moment, dans l'expérience, on m'encourage à me tourner sur le côté ; à ce moment je me retrouve dans une position de vulnérabilité. Une grande chaleur m'envahit, surtout au niveau de la tête et du haut du corps. Agréable sensation ! Des images ont traversé mon esprit, mais je n'arrive pas à me les rappeler. Dans le retour sur l'expérience, je subis encore une fois un grand tremblement à l'intérieur de mon ventre et ma voix. Comme des sanglots retenus, sans avoir de tristesse en moi ! Au contraire, une légèreté, un calme bien installé et mon visage qui me semble si détendu ! Le bonheur ! Merci pour ces grands moments de rencontre avec moi-même ! »

Chapitre 6

Le *rebirth* ne ramène pas toujours des souvenirs de la naissance dans le champ de la conscience. Cela peut arriver, mais ce n'est pas un but en soi. Le plus souvent, le client termine l'expérience dans un état de bien-être général, ainsi qu'en ont témoigné Audrey, Alexe et Maude.

Voyons un peu l'aspect symbolique de la respiration. On sait que le fœtus ne respire pas avec ses poumons avant de naître ; en effet, c'est sa mère qui, par l'intermédiaire du cordon ombilical, l'alimente en oxygène et en nutriments. Le dioxyde de carbone ou le CO_2 et les autres déchets du fœtus sont éliminés par ce même cordon. La mère protège aussi son fœtus contre les chocs, les changements de température et certains microbes. Comment s'amorce le réflexe respiratoire au moment de la naissance ? À l'accouchement, lors du sectionnement du cordon ombilical, l'enfant n'est plus alimenté en oxygène par sa mère : le bébé doit par conséquent apprendre à respirer de façon autonome. On observe que, au moment de ce sectionnement, le bébé étouffe puisqu'il est privé de l'alimentation en air. Une augmentation de CO_2 s'effectue alors dans le sang. Le processus respiratoire autonome de l'enfant s'amorce : le centre respiratoire est ainsi stimulé, ce qui déclenche une contraction des muscles respiratoires et une première inspiration de l'enfant. La température dans la pièce joue un rôle important dans ce processus : elle se situe à environ dix-huit à vingt-deux degrés Celsius, soit presque vingt degrés de moins que celle du corps du bébé qui vient de sortir du corps de la mère. Cette sensation de froid éprouvée ne peut être que fortement désagréable. Plusieurs auteurs en ont déduit que c'est là la raison du premier cri du bébé (Otto Rank, Frédéric Leboyer[21]). Selon ces auteurs, il ne s'agit pas d'un cri de victoire qui voudrait dire « J'arrive ! », mais bien d'un cri de douleur, de détresse. Par ailleurs, comme les poumons sont recroquevillés, et remplis de liquide, la première inspiration sera anormalement profonde et douloureuse, ce qui provoque également des cris et des pleurs de détresse chez l'enfant[22].

L'inspiration instaure la vie terrestre et symbolise la naissance. L'expiration est associée à la mort. On connaît l'expression : « rendre son dernier souffle » ou encore « expirer » dans le sens de « mourir ». Tout semble démontrer que la vie se présente comme un continuum entre la première inspiration et la dernière expiration. En observant bien la respiration naturelle des personnes, on s'aperçoit que plusieurs d'entre elles ont de la difficulté à inspirer : cela pourrait symboliser la peur de vivre, de faire de nouvelles expériences, tout comme cela pourrait indiquer un certain manque d'ouverture de leur part. En contraste, la difficulté à expirer pourrait symboliser la peur de mourir. Il ne s'agit pas nécessairement de la vraie mort,

---

21 Rank, O. (1924). *Le traumatisme de la naissance*. Éd. Payot. Leboyer F. (1990). *Pour une naissance sans violence*. Éd. du Seuil.

22 Janov, A. (1970). *Le cri primal*. Éd. Flammarion. Janov. A. (1977). *L'Amour et l'enfant*. Éd. Flammarion.

mais d'une mort symbolique (l'abandon à l'expérience passée). Enfin, certains individus vivent des irrégularités respiratoires tant dans l'inspiration que dans l'expiration. Peut-être ont-ils à la fois la peur de vivre et de mourir? Nous pouvons tous apprendre à apprivoiser ces peurs.

Chapitre 7

Lors d'une séance de *rebirth*, beaucoup de phénomènes peuvent survenir. Les tétanies, par exemple, sont des contractions musculaires des extrémités. On sait que la charge énergétique du corps se fait par l'inspiration et la décharge par le mouvement. Ainsi si on grimpe un escalier en quatrième vitesse en bloquant sa respiration, il devient quasiment impossible d'atteindre le sommet, par manque d'oxygène. Les muscles, on le sait, ont besoin d'oxygène pour fonctionner. On constate donc qu'un bon équilibre entre la charge et la décharge est important. Le rythme de la respiration dans la prévention de la tétanie est primordial. L'apparition des tétanies, malgré l'inconfort qui en résulte, n'est pas dangereuse. Elles apparaissent plus fréquemment chez les débutants, mais elles tendent à diminuer et à disparaître avec la pratique.

Les engourdissements ressemblent aux engourdissements habituels (fourmillement) lorsque le sang passe moins bien dans une partie du corps (cela peut se produire durant la nuit, quand notre tête appuie longtemps sur un bras). L'engourdissement est un signe qu'à cet endroit, le flux énergétique circule mal, un peu comme sous l'application d'un garrot. On qualifie ce phénomène de « goulot d'étranglement ». Les parties du corps qui engourdissent ou qui font mal sont autant de signes que l'énergie passe mal à ces endroits. Ces indicateurs sont très précieux. En *rebirth*, on expérimente ces engourdissements ; la sensation est la même mais la cause est différente[23]. Chez certaines personnes, on peut même apercevoir des vibrations à la surface du ventre. Cela signifie que l'énergie vitale y circule très bien.

Le bébé à naître a vécu les neuf mois de sa jeune vie à l'abri de toute contrainte. Le passage forcé dans la filière génitale de sa mère s'accompagne d'une pression intense sur tout son corps et particulièrement sur les bras qui, faute de place, sont comprimés le long de son corps, provoquant fort probablement lourdeur et engourdissement de ses mains, situées à l'extrémité de l'apport artériel. Cette première impression de bras et de mains « paralysés » doit imprimer en lui une forte « photo » ; les sensations éprouvées lors d'une séance de palingénésie peuvent fort bien ramener le sujet à cette première impression du bébé à naître, et ce, avant l'expulsion salvatrice.

Quelques fois, la personne peut se sentir envahie par un engourdissement global. Cela peut laisser penser qu'elle expérimente quelque chose qui ressemble au moment de mourir. Malgré l'inconfort, cette expérience peut être particulièrement enrichissante à vivre.

Le froid peut être le signe d'un souvenir partiel de la naissance. Certaines personnes ont chaud et transpirent. Il semble que c'est la chaleur du corps qui circule librement et qui rayonne.

---

23 Voir plus bas les explications des Drs Christophe Nowakowski et Pierre Goyer.

L'organisme connaît deux types de toxines, hydrosolubles et volatiles. En pleurant, en transpirant, en urinant, on élimine les toxines hydrosolubles. Les toxines volatiles sont expulsées à chaque expiration.

Un exercice très utile peut être accompli un jour sur deux, selon la disponibilité individuelle. Il est préférable d'être seul chez soi pour éviter de déranger autrui et pour ne pas être dérangé.

1. Vider les poumons, en expirant, mais sans contracter les abdominaux (donc, il demeure toujours un peu d'air dans les poumons au début de l'exercice).
2. Prendre quatre respirations brèves et saccadées dans le bas des poumons (à la manière d'un chien).
3. Prendre ensuite une longue respiration, jusque dans le haut des poumons, ce qui fait cinq.
4. Recommencer quatre fois, ce qui fait vingt. Compter silencieusement.

Expirer sans forcer. Si tout va bien, recommencer le processus et faire une autre série de vingt. On peut en faire vingt, quarante, soixante, toujours par multiples de vingt.

Il est possible qu'en effectuant cet exercice des fourmillements se manifestent dans les bras ou les jambes, ou encore qu'un mal de tête naisse. Certaines personnes ressentent des tremblements dans les doigts ou dans les joues. Ces manifestations sont normales et disparaissent quelques secondes ou quelques minutes après l'exercice. Il est néanmoins souhaitable de terminer le multiple de vingt respirations.

Bien sûr, il est hors de question de faire cet exercice en conduisant un véhicule !

Certaines personnes à l'aise avec le processus de *rebirth* peuvent très bien le pratiquer en solo. Bien sûr, il est souhaitable d'avoir vécu plusieurs séances accompagnées avant de se lancer seul dans l'expérience. Celle-ci demeure sans danger, mais il convient d'éviter la tendance à croire trop rapidement que ladite expérience est terminée, alors que le processus est toujours en cours. Un *rebirth* non terminé laisse la personne avec un sentiment de « situation inachevée ». Il est alors possible d'achever l'expérience une prochaine fois.

Chapitre 8

Mieux connue sous son ancien nom, le *rebirth*, ou palingénésie (ou palingénèse), est une technique de croissance autant qu'un outil thérapeutique. Il s'agit d'un processus évolutif axé sur l'apprentissage de la respiration consciente et complète, ainsi que sur la maîtrise de la pensée. La palingénésie vise à restaurer l'union entre le corps et l'esprit, car la respiration relie le penser et le sentir. Elle vise aussi à rétablir pleinement et avec art ce contact avec soi-même en faisant en sorte que nous cessions de nous accrocher à nos pensées, à nos émotions, à nos comportements, et surtout que nous cessions de combattre ce flux vital qui circule en nous.

La palingénésie est une technique psychocorporelle qui peut se rattacher tout autant à l'approche psychanalytique qu'à l'approche humaniste existentielle. Ses deux ingrédients primordiaux sont : la conscientisation de l'expérience respiratoire et l'intégration des expériences du passé. Si notre respiration est irrégulière et superficielle, c'est parce qu'elle comporte un grand nombre de situations inachevées ; nous pouvons apprendre à les achever dans le présent et, finalement, à lâcher prise.

Il existe des séances de *rebirth* « à sec ». Elles se déroulent sur un matelas. D'autres séances de *rebirth* se passent dans l'eau.

Il existe deux procédures pour vivre un *rebirth* dans l'eau :

- couché sur le dos à la surface de l'eau, avec un assistant qui place une main à la taille et l'autre dans le haut du dos.
- en position « petit bonhomme » sous l'eau, en respirant avec un tuba. L'assistant place une main sous la taille du client pendant que l'autre main maintient le tuba en position verticale.

Dans les deux cas, le *rebirth* débute debout sur la rive. Le *rebirthé* et l'intervenant s'avancent progressivement dans l'eau et le client maintient une respiration ample et continue.

Si le client vit des émotions intenses ou s'agite dans l'eau, il est impératif de maintenir la position. Un retour précoce sur la terre ferme servirait de renforçateur sécurisant et le client se trouverait maintenu dans sa peur ou dans son agitation.

Le *rebirth* dans l'eau ne devrait se faire qu'après un certain nombre de séances à sec. Il génère le plus souvent des sensations et des émotions intenses liées au monde intra-utérin. On peut le pratiquer dans sa baignoire, avec de l'eau chaude ou froide. Le *rebirth* en eau chaude évoque les sensations vécues dans le monde intra-utérin. Le *rebirth* en eau froide soulève les émotions liées à la mort.

« Je serais porté à ne pas le croire si je ne l'avais pas vécu, raconte Luigi, quarante-six ans, après avoir expérimenté un *rebirth* dans l'eau d'un lac. J'hésite à en parler. Mes expériences d'hyperventilation en salle et en groupe ont toujours été difficiles, l'abandon ne venait pas souvent.

La première fois que j'ai essayé le *rebirth* dans l'eau, je me suis senti partir presque tout de suite, ce qui m'a fait peur. J'avais l'impression de mourir. La sensation était comme si j'arrêtais de vivre. Je me souviens qu'on m'a ramené sur la berge. Mais je n'avais pas fini. Je voulais retourner dans l'eau, tout mon corps me le demandait. On m'a dit qu'il était tard et que nous y retournerions le lendemain. À partir de ce moment-là, tout s'est arrêté, j'ai comme cessé de fonctionner. Il n'y avait plus rien d'important sauf le désir de retourner dans l'eau. Pratiquement paralysé, j'attendais le moment d'y aller. Je ne me souviens pas combien de temps j'ai dû attendre, peut-être une journée. Enfin on y est allé. Alors là, je ne savais plus à quoi m'attendre, mais je voulais retrouver la sensation que j'avais connue la première fois, la veille. Après quelques respirations dans l'eau, la sensation est tout de suite revenue et m'a envahi entièrement. C'était comme une énergie qui m'enveloppait : "À quoi ressemble la sensation de cesser de vivre ? " Effectivement j'ai cessé de vivre pendant un moment. C'était une sensation très réelle qui prenait toute la place. J'ai eu le choix : vivre ou mourir. Je ne sais pas ce que c'est, mais c'est plus fort que toute mon énergie vitale : j'ai choisi de vivre. Cette force m'a envahi. Je suis cette force. Je vis. Je nais. La suite est encore plus difficile à raconter. De retour sur la berge, étendu sur l'herbe, j'ai éprouvé des sensations de plus en plus extrêmes, intenses. Je sens la terre. Je respire l'herbe. Je respire ! La terre est en moi et je la sens. Le vent traverse chaque cellule de mon corps. Je le ressens parfaitement.

Le soleil. Je pleure. Je regarde le soleil et je le remercie. Je remercie le père qui m'a donné la vie. Je dois me relever. Je ne sais pas comment j'y arrive, mais j'y arrive. Je marche en chancelant. Cette sensation extraordinaire a progressivement diminué. J'ai conservé pendant quelques jours des perceptions sensorielles très justes, très réelles.

Le *rebirth* est recommandé à tous pour une meilleure ventilation de l'organisme ; il entraîne des effets bénéfiques sur les grands systèmes et leurs fonctions : la mémoire, la concentration, le sommeil et la digestion.

La pratique assidue pendant quelques mois des techniques de respiration lente augmente l'activité du système parasympathique (ralentissement du rythme cardiaque, augmentation de la vitesse de digestion) et diminue l'activité du système sympathique. Celui-ci est responsable de la préparation à l'action. Le système sympathique fonctionne à l'opposé du système parasympathique.

Pour les personnes introverties et timides, une telle respiration permettra de commencer à s'affirmer davantage.

Cet exercice est également recommandé aux personnes angoissées. Il permet un soulagement quasi instantané de l'état de panique.

Aussi, pour les personnes dépressives, cet exercice apporte un état de bien-être pendant plusieurs minutes, voire quelques heures.

Du reste, les personnes asthmatiques pourraient vraisemblablement faire une crise d'asthme durant cet exercice préparatoire. Grâce à la technique du *pacing*[24],

---

24 *Pacing*. Héritage de l'hypnose éricksonienne : il s'agit pour l'intervenant d'accompagner de manière synchronisée le rythme respiratoire du client.

l'intervenant imite la respiration (asthmatique) du client, puis il diminue graduellement sa propre respiration. Presque toujours, la respiration du client passe d'asthmatique à normale en quelques minutes.

Quant à l'hyperventilation, c'est un phénomène à part. Dans le monde médical, on parle d'un « trouble respiratoire ». Dans le monde de la palingénèse, on dit qu'il s'agit d'un « *rebirth* spontané ». C'est comme un appel d'air, une urgence, une pulsion de vie intense. Souvent, le fait de rassurer la personne et de respirer avec elle (encore à l'aide du *pacing*) peut l'aider à calmer son état.

Chapitre 9

Il existe divers types de respiration :

1. Respiration abdominale
2. Respiration intercostale
3. Respiration thoracique
4. Respiration thoracique supérieure
5. Respiration latérale gauche
6. Respiration latérale droite
7. Respiration dorsale

Ces types de respiration peuvent être effectués par la bouche ou par le nez. C'est pourquoi on en dénombre quatorze.

Les tensions musculaires, les frustrations de la vie quotidienne entraînent des contractions musculaires, donc des contractions respiratoires. Il est à noter que les bébés en très bas âge présentent une respiration parfaite puisqu'ils n'ont pas encore expérimenté de tensions ou de frustrations.

Les femmes enceintes peuvent faire du *rebirth* si elles ont commencé à en faire auparavant, l'organisme ayant déjà été entraîné à l'exercice. Il convient cependant d'arrêter les séances au sixième mois de la grossesse, sinon, des contractions pourraient survenir[25].

Les personnes épileptiques doivent éviter cette pratique, car une séance de *rebirth* pourrait provoquer une crise.

On connaît mal les retombées des séances de *rebirth* sur les conditions cardiaques fragiles. Des modifications physiologiques intenses survenant parfois en peu de temps en font un exercice déconseillé aux personnes ayant des problèmes de type cardiaque.

Il est déconseillé de donner des séances de *rebirth* aux personnes schizophrènes, psychotiques, ou ayant des tendances schizoïdes. En effet, leur personnalité présente une structure déjà « divisée ». Cela rend le processus d'intégration de l'expérience plus problématique après avoir vécu un moment « éclaté ». Les jeunes enfants sont plus sensibles au déséquilibre physiologique que peut provoquer le *rebirth*.

Les débutants ayant eu un traumatisme craniocérébral (TCC) sévère depuis moins de douze mois doivent faire attention. Muizelaar et ses collègues croient que les niveaux plus élevés de la pression intracrânienne chez les personnes qui hyperventilent pendant une période de cinq jours entraînent un rétablissement moins favorable chez les patients qui ont vécu le traumatisme à moins de six mois. Ceci ne s'applique pas aux patients ayant vécu un TCC douze mois auparavant. Avec les débutants ayant plus tendance à hyperventiler, le thérapeute devrait être prudent.

---

25 Brabant, I. (2001). *Pour une naissance heureuse*. Éd. St-Martin.

On considère que le corps se « charge » par la respiration ; il accumule de l'énergie (en fournissant de l'oxygène aux cellules et aux muscles). En respirant en mode *rebirth*, on emmagasine de l'oxygène. Par ailleurs, le corps se « décharge » d'énergie par le mouvement, en utilisant ses muscles. En effet, les muscles utilisent l'oxygène pour fonctionner. Si la charge est supérieure à la décharge, il y a risque d'hyperventilation : le client est souvent pris de vertige, voit le monde tanguer autour de lui, se sent inconfortable, commence à transpirer et ressent des tétanies[26] aux doigts. Si la décharge est supérieure à la charge, il y a risque d'épuisement. Une respiration adéquate combine donc de façon équilibrée la charge et la décharge.

L'hyperventilation donne l'impression d'emmagasiner de l'oxygène. En fait, c'est faux. Ce qui se passe en réalité, c'est une diminution de la recherche d'oxygène par le corps (due à une baisse du niveau de gaz carbonique). Les plongeurs d'apnée utilisent même l'hyperventilation pour accroître la durée de la rétention de leur souffle. Par le fait même, cela augmente le risque de s'évanouir par l'anoxie provoquée au cerveau.

L'oxygène accumulé dans le sang est acheminé aux cellules. Les mitochondries sont des organelles[27] cellulaires qui produisent l'adénosine triphosphate (ATP) responsable de l'énergie nécessaire au métabolisme. Les mitochondries par catabolisme convertissent l'oxygène

26 Tétanie : Contraction involontaire de la musculature striée du corps. Elle se présente le plus souvent aux doigts et ne dure que quelques minutes.

27 Organelle : Chacun des éléments contenus dans le cytoplasme cellulaire.

en ATP et CO_2 et H_2O à l'aide de l'énergie chimique des nutriments ; c'est la respiration cellulaire.

Durant une séance de *rebirth*, on « construit » la charge (accumulation d'oxygène). Il n'y a pas de décharge puisque la personne est allongée sans bouger et n'utilise pas ses muscles. C'est alors que des choses intéressantes peuvent survenir, tant sur le plan physiologique que sur le plan psychique.

Lorsqu'on parle de « décharge » (en anglais : *release*), durant la séance, il y a lieu de distinguer la décharge motrice de la décharge émotive. La décharge motrice peut se produire sous forme chaotique. Par exemple, la personne peut expérimenter des mouvements saccadés, parfois désordonnés. Il arrive aussi que le corps « ondule ». L'ondulation peut se comparer à un bercement par les vagues.

La décharge émotive peut se manifester de plusieurs façons : des éclats de rage, des sanglots, des cris, des gémissements, de la tristesse, de la culpabilité, de la peur ou du plaisir. Ce plaisir peut même être comparé à un « orgasme », selon certains témoignages. En effet, il s'agit d'une bouffée d'énergie qui circule librement dans le corps, apportant au sujet un état intense de plaisir.

Le *rebirth* est puissant. Dans un état d'abandon total, certaines personnes auront l'occasion de vivre une expérience hors du commun, une véritable renaissance. Tout se passe comme si le corps régressait et se souvenait de sa propre naissance. Cette dernière peut avoir été douce et agréable, mais elle peut aussi avoir été angoissante et traumatisante. Dans ce dernier cas, on pourrait objecter : « Pourquoi la revivre ? » Parce que la naissance est un évènement marquant sur lequel viennent se greffer de nombreuses expériences ultérieures. En la revivant, nous pouvons mieux les comprendre et les intégrer à notre présent. La naissance colore ces évènements, nous influence, et ce, à notre insu. Puisque nous portons en nous les marques de notre naissance, il est tout à fait justifié de les mettre en lumière. Cela favorise leur compréhension et leur intégration, et évite de maintenir ces sensations et ces émotions dans l'ombre.

« Je me suis sentie partir, glisser, explique Raphaëlle. Mon corps reculait par étapes, je me sentais compressée de partout. Je voyais une lumière et je me dirigeais vers cela. Le chemin me semblait long, mais je me sentais bouger comme s'il n'y avait pas de fin. Ma tête était coincée, mais à un moment donné, la porte s'est ouverte et j'ai glissé de tout mon long. J'ai abouti dans les bras de l'animateur du groupe et je me suis blottie contre lui. Tout mon corps palpitait. Je sanglotais, mais c'était de joie. C'est l'évènement le plus intense que j'ai vécu. »

Pour pratiquer le *rebirth* seul, plus précisément l'auto-*rebirth*, il est primordial de choisir un environnement propice, c'est-à-dire sans bruit et sans dérangement.

Il est recommandé de mettre un CD de musique agréable (environ quarante minutes). En effet, la fin du CD donne l'indication approximative de la fin de la séance. La difficulté principale de l'auto-*rebirth* consiste à maintenir une respiration profonde en tout temps. Il s'agit de garder une respiration complète, allant de l'abdomen au thorax. Il y a lieu aussi de se souvenir qu'il ne faut ni pousser ni freiner l'expiration, simplement la laisser sortir. Donc, il est important de maintenir une respiration circulaire, cyclique, sans interruption.

Tenir un journal de bord relatant les éléments essentiels qui se sont déroulés durant la séance s'avère une bonne habitude à prendre.

Chapitre 10

De nombreux spécialistes s'intéressent à cette démarche. Ces interviews permettent de se familiariser avec les caractéristiques du *rebirth*.

Dr Christophe Nowakowski, psychiatre

QUESTION : « Vous êtes psychiatre et vous connaissez la palingénésie. D'abord, est-ce que, pour vous, la palingénésie peut transformer certains aspects de la personnalité ? »

RÉPONSE : « C'est une question qui revient souvent. Pas juste à l'égard de la palingénésie, mais à l'égard de beaucoup de techniques. Et c'est important de s'entendre clairement sur ce qu'on veut dire par "personnalité". On va voir des gens qui vont entrer dans n'importe quelle forme de traitement (et je pense que ça peut être tout aussi vrai en palingénésie) et qui vont sortir après un certain temps de traitement ou de thérapie avec une attitude différente. Par exemple, ils étaient déprimés au début, ils ne le sont plus après. Personnellement, je n'irais pas jusqu'à appeler cela un "changement de personnalité". Pour moi, un changement de personnalité[28] est quelque chose de beaucoup

28 La personnalité comporte des traits, un ou deux types et parfois des troubles de personnalité.

plus profond qu'on peut exprimer de différentes façons selon les schémas explicatifs qu'on utilise. Par exemple, quelqu'un qui est plutôt psycho-dynamicien[29] dira qu'un changement de personnalité, c'est changer nos schémas pour entrer en contact avec le monde, c'est-à-dire prendre conscience des mécanismes de défense qu'on utilise. Quelqu'un qui est plutôt systémicien[30] dira que ce serait de changer les schémas de communication qu'on utilise dans nos interactions avec les autres. Et à cet égard, je pense que beaucoup de techniques, probablement la palingénésie aussi, peuvent modifier certains aspects de la personnalité, mais à condition que le travail soit vraiment dirigé vers cet objectif-là. »

QUESTION : « Souvent, en palingénésie, des souvenirs peuvent remonter à la surface ; des images du passé peuvent resurgisir dans le champ de la conscience. S'agit-il d'une régression ? »

RÉPONSE : « Je ne suis pas sûr que j'appellerais cela une "régression", mais je pense qu'entrer en contact avec des souvenirs, avec des images, avec des émotions de notre passé, dans n'importe quelle thérapie qui vise à changer la personnalité, c'est fondamental. »

QUESTION : « Donc, c'est bénéfique ? »

RÉPONSE : « C'est bénéfique. Maintenant, certaines personnes ont une structure de personnalité tellement fragile... Alors, devant cette remontée massive de souvenirs

---

29 Adepte de la psychanalyse.
30 Adepte de l'approche systémique en psychologie.

et d'affects, ils pourraient décompenser[31]. Mais ceci est aussi vrai en palingénésie qu'en psychanalyse ou dans n'importe quelle approche ou technique thérapeutique[32]. »

QUESTION : « Dans une séance de palingénésie en général, on prend beaucoup d'air. Quels sont les avantages de cette prise d'air ? »

RÉPONSE : « Je peux juste vous répondre sur le plan physiologique. C'est-à-dire que normalement, notre activité respiratoire en ce qui a trait à la profondeur, à la fréquence, est maintenue par des mécanismes dont on n'a pas vraiment conscience, à moins de vraiment insister là-dessus, et qui visent à garder un certain équilibre chimique du sang en ce qui touche la quantité d'oxygène, de gaz carbonique, etc. À partir du moment où on altère cela consciemment par une respiration plus profonde, ou plus rapide, ou les deux, c'est sûr que ce que l'on va faire va provoquer une kyrielle de changements physico-chimiques en ce qui a trait au milieu ambiant, c'est-à-dire à l'intérieur de l'organisme : plus d'oxygène, moins d'acide carbonique et une plus grande alcalinité du sang. Et ce sont toutes des choses qui ont un effet légèrement déséquilibrant sur le système nerveux central.

---

31 Décompensation : Il s'agit d'une réaction à une situation émotionnelle extrême. Le plus souvent, il s'agit du dévoilement brutal ou forcé de certains éléments psychiques personnels lourds, dévoilement qui provoque un effondrement de la personnalité. Inspiré de : Cabinet international de gestion et d'aide psychologique. Site consulté le 2 janvier 2017.

32 Que faire dans ce cas-là ? L'intervenant peut arrêter le processus, rassurer la personne en lui parlant doucement. Le plus souvent, il s'agit d'un traumatisme ancien pas encore accepté, résolu.

Maintenant, quand je dis "légèrement déséquilibrant", il ne faut pas prendre cette expression dans son sens péjoratif. C'est sûr que prendre un verre de vin, c'est "légèrement déséquilibrant", et pourtant on le fait tous à l'occasion ! On observe que les gens qui sont en alcalose respiratoire ont un certain relâchement, une certaine déstructuration des processus cognitifs ou des processus émotifs, ou les deux, qui peuvent leur donner plus facilement accès, à ce moment-là, à certains fragments de ce qui se passe sur le plan intrapsychique. La question est de savoir comment ces fragments-là sont organisés. Est-ce qu'ils sont chaotiques ? Est-ce qu'ils forment un tout cohérent ? Essentiellement, je pense qu'on introduit un changement sous forme d'une perturbation physico-chimique. C'est un peu comme faire sauter les pierres dans la mine et puis on ne sait jamais de quelle façon ça va sauter, mais en tout cas ça va mobiliser quelque chose, ensuite on regarde ce que ça a mobilisé, puis on travaille avec ça. »

Dr Pierre Goyer, médecin

QUESTION : « Voulez-vous nous parler des bienfaits de la palingénésie ? »

RÉPONSE : « Je crois que, physiologiquement parlant, on peut dire qu'il y a certainement des bienfaits qui vont ressortir de ces séances de palingénésie, à condition toutefois qu'elles soient répétées à quelques reprises[33]. Puisque le patient devient plus conscient de sa respiration, il utilise davantage tous les mécanismes physiologiques de la res-

33 Il est coutumier de recommander une série de dix ou douze séances réparties sur autant de semaines.

piration, il se ventile mieux, il utilise les muscles intercostaux autant que les muscles abdominaux. Ainsi, je crois qu'il développe dans sa vie une conscience plus intense, plus aiguë, plus marquée, de ses mécanismes respiratoires. Ceci lui permet de se ventiler davantage dans sa vie courante et donc d'oxygéner mieux les cellules de tout son corps, de tout son cerveau aussi.

On sait que le siège de la mémoire est situé dans les deux lobes temporaux. On sait aussi que les cellules des régions temporales sont les plus sensibles à l'anoxie, au manque d'oxygène, en particulier au moment de la naissance. C'est-à-dire qu'il se produit – ou qu'il peut se produire – une certaine anoxie au moment de la naissance, que ce soit dû à un manque d'oxygène dans le sang de la mère ou à un tour de cordon autour du cou du bébé, etc. Alors, on remarque que les individus qui ont été affectés par l'anoxie peuvent voir une cicatrice apparaître au niveau temporal. Ceci peut provoquer par la suite, au cours de la vie, des problèmes d'épilepsie. Cela a été constaté médicalement.

Par ailleurs, et d'après ce qu'on sait de la physiologie de ces cellules (des régions temporales), et du fait que le siège de la mémoire est au niveau temporal, et que les cellules sont très sensibles à l'anoxie, de là, on peut très bien émettre l'hypothèse que si on provoque par la palingénésie une suroxygénation des cellules, alors celles-ci pourraient fort bien être les plus sensibles à cette suroxygénation. À ce moment-là surgiraient des images du passé, d'un passé occulté, oublié. Dans la vie ordinaire, ces images ne se manifestent pas à cause de tous les blocages qu'on peut avoir[34]. »

QUESTION: « Lors d'une séance de palingénésie, il peut survenir quelquefois des tétanies. Est-ce possible de les éviter ? »

RÉPONSE: « Oui, je crois que c'est possible d'éviter la tétanie. Voyez-vous, lorsqu'une personne force l'expiration, elle diminue sa capacité respiratoire résiduelle. En effet, une quantité d'air résiduel stagne normalement dans les poumons entre l'expiration et une nouvelle inspiration : il reste toujours un fond d'air fortement saturé de gaz carbonique. Maintenant, si on force l'expiration de façon plus prononcée, on diminue cette capacité résiduelle, donc on diminue de beaucoup la quantité de gaz carbonique sanguin, ce qui fait que le PCO_2 (c'est-à-dire la pression du gaz carbonique dans le sang artériel) diminue, ce qui produit un changement du PH sanguin. Le PH devient alcalin, c'est-à-dire plus grand que sept virgule quarante-cinq. On sait que ces changements modifient la quantité de calcium ionisé dans le sang, le calcium étant un élément essentiel dans la transmission neuromusculaire. Lorsque la saturation de calcium ionisé est plus grande, des tétanies peuvent apparaître, c'est-à-dire des contractions involontaires des muscles, de la musculature striée, un peu partout à travers le corps. C'est plus

34 Blocage : Beaucoup de souvenirs traumatisants sont refoulés dans notre mémoire. Au cours d'une séance de palingénésie, un ou plusieurs de ces souvenirs peut remonter dans le champ de la conscience.

marqué, en général, en ce qui concerne les mains[35], des extrémités. Ça peut atteindre aussi les muscles proximaux des membres et produire des contractures. La façon d'éviter ce problème serait d'éviter de forcer l'expiration, d'avoir plutôt une respiration cyclique, régulière, c'est-à-dire sans faire d'arrêt entre l'expiration et l'inspiration, et en faisant attention de ne pas forcer l'expiration. Voilà. »

Nadine Gueydan, psychologue

QUESTION : « Vous êtes psychologue et vous utilisez la palingénésie. Voulez-vous nous en parler un peu plus ? »

RÉPONSE : « En effet, j'utilise depuis un certain temps la palingénésie dans ma pratique, après avoir utilisé des techniques comme l'abandon corporel[36] ou des approches comme la bioénergie[37]. Ce sont aussi des modes d'intervention basés sur la mémoire émotionnelle du corps. Ce que la palingénésie apporte d'original, bien sûr, c'est la respiration. Alors, je vous dirai quelques mots sur la respiration et son rapport à l'émotion.

Notre corps enregistre toutes les émotions de notre vie, de notre enfance, surtout. Et quand les émotions

---

35 La plus fréquente de ces contractions étant celles des mains en flexion du poignet et des doigts dont les extrémités se touchent ; le terme médical consacré est « main d'accoucheur ».

36 Abandon corporel : Technique initiée par Aimé Hamann dans les années soixante-dix. Le client, couché sur le dos, reçoit les mains de l'intervenant sur la tête et s'abandonne à ce qui est sans effectuer le moindre mouvement.

37 Bioénergie ou analyse bioénergétique. Méthode initiée par Alexandre Lowen, et visant à restaurer la circulation de l'énergie bloquée par des conflits non résolus et conservés dans la mémoire corporelle, dans le corps, sous forme de tensions.

sont particulièrement importantes, en l'occurrence traumatiques, elles s'imprègnent dans le corps, elles restent comme incrustées dans les muscles sous forme de tensions et aussi dans notre respiration. Ce qui fait qu'inconsciemment, nous avons une respiration qui correspond à notre structure psychique. »

QUESTION : « On a un type respiratoire comme on a un type de personnalité ? »

RÉPONSE : « C'est exactement ça. En fait, si on a ressenti des émotions désagréables (tout ce qui fait partie de nos souffrances), on a tendance à rejeter cette partie-là de notre existence, à la nier, à la refouler. Dans notre corps, cela se manifeste sous forme de tensions. Maintenant, pour revenir à ce que la palingénésie m'a apporté en tout premier lieu, c'est une façon de connaître quelqu'un en observant sa façon de respirer. Alors ça, c'est très intéressant ; on peut apprendre beaucoup de choses à regarder et à écouter respirer une personne en processus de palingénésie. Par exemple, une personne qui a une expiration très forcée, très tendue, peut être une personne qui ne relâche jamais dans sa vie. Ou encore une personne qui a une inspiration très timide, très retenue, à peine audible, peut être une personne qui a de la difficulté à s'affirmer, à agir dans la vie. »

QUESTION : « À ce moment-là, la palingénésie peut transformer ce schéma respiratoire ou permettre d'amplifier cette respiration ? »

RÉPONSE : « Oui. En premier lieu, il est important que la personne prenne conscience de son type de respiration et se reconnaisse dans sa respiration. La palingénésie est une sorte de "rééducation du souffle". Alors, petit à petit, c'est un processus qui se fait en douceur : la personne est amenée à respirer de façon ample et détendue, et surtout circulaire. Ce qu'on appelle la respiration circulaire, c'est un certain type de respiration, pratiquement idéal, que personne n'a vraiment, mais vers lequel on tend. C'est une respiration profonde, détendue, et bien rythmée. Et en se rapprochant de cette forme de respiration, la personne, tranquillement, ouvre, défait ses blocages musculaires et change son type de respiration. Et c'est à ce moment-là que l'émotion qui est contenue derrière la tension émerge. C'est à ce moment-là que la personne entre en contact avec son émotion.

En continuant de respirer de façon régulière, elle peut même aller plus loin que l'émotion retenue, elle peut dégager cette émotion qui était là, bloquée dans le corps. Si la personne continue de respirer avec son émotion, des images associées à cette émotion ou des souvenirs peuvent surgir. À ce moment-là, la personne va faire des liens avec son histoire personnelle et, ainsi, la décharge émotive accompagnée de la compréhension des liens provoquera une libération. Une personne qui a vécu l'expérience de la palingénésie à plusieurs reprises récupère une respiration ample, ouverte, détendue, ce qu'elle peut maintenir par la suite dans sa vie. C'est la "libération du souffle". C'est ça. »

QUESTION : « Y a-t-il des contre-indications ? »

RÉPONSE : « Il y a quelques personnes à qui il n'est pas très conseillé de faire ce genre d'expérience : les personnes qui n'ont pas un moi assez bien constitué, à savoir un ego où les mécanismes d'adaptation sont actifs et agissants et où la dynamique générale de la personnalité se trouve en harmonie. Ou encore les personnes qui pourraient être proches d'une décompensation psychotique, par exemple. À ce moment-là, je crois que c'est à l'accompagnateur de voir que cette personne n'est pas vraiment apte à vivre ce genre d'expérience. Je veux parler des personnes qui, au départ, ont une fragilité. Si les résistances[38] de la personne sont trop fortes, c'est peut-être un signal que l'organisme n'est pas prêt à prendre cette expérience. La question du rythme est très importante, tout comme la question de la détente avant de vivre l'expérience : prendre le temps de s'installer confortablement dans le rythme respiratoire. Et aussi prendre son temps après la séance. Et je crois enfin qu'il est important qu'il y ait un contact de qualité entre l'accompagnateur et le client. Il est aussi souhaitable que la personne puisse nommer ce qui vient de se passer, puisse dire à quelqu'un ce qu'elle vient de vivre, durant la période de feedback qui suit immédiatement la fin de la séance. »

QUESTION : « La notion de « souffrance », que peut-on en dire ? »

RÉPONSE : « Disons que la palingénésie, un peu comme les principales techniques de développement, nous permet d'apprivoiser nos souffrances. Finalement, le développement de soi revient toujours à travailler sur l'intégration des expériences qu'on n'a pas voulu vivre ou ressentir totalement. C'est, en quelque sorte, un réflexe normal qu'on a quand on a mal, de se tendre, de serrer les mâchoires et de moins respirer, parce qu'on veut moins

---

38 Résistance : En processus de *rebirth*, les résistances peuvent être nombreuses : ouvrir les yeux, se gratter, poser des questions, bouger, changer de position, ne pas suivre les consignes de l'intervenant, etc. Autant de fuites qui sabotent l'expérience.

ressentir. Sur le coup, on a moins mal. Mais à long terme, on perd une partie de notre expérience. Notre perception de la réalité devient alors déformée[39]. »

QUESTION : « Peut-on dire la même chose du plaisir ? Là, on parle de souffrance, mais peut-on aussi parfois se fermer au plaisir comme on se ferme à la souffrance ? »

RÉPONSE : « Je crois que oui. On peut se fermer systématiquement à tout ce qui est intense, à tout ce qui est trop fort. Quand on a refusé ce qui a été intense dans la souffrance, on se prive de ce qui a été intense dans le plaisir aussi. Récupérer l'un, c'est aussi récupérer l'autre. Alors, je pourrais dire que la palingénésie nous permet vraiment de récupérer toutes ces parties de nous et nous enseigne comment souffrir quand on a mal, quand on est contrarié, quand on est fâché, quand on est en colère. Elle nous enseigne comment accepter l'émotion plutôt que l'éviter ou la fuir. »

QUESTION : « Se peut-il qu'il y ait un lien entre notre naissance et notre façon de respirer ? »

RÉPONSE : « Oui, alors ce n'est pas pour rien que la palingénésie s'est d'abord appelée *rebirth*. En effet, quand une personne respire, dégage ses émotions, on a remarqué que très souvent, elle finit par retrouver sa naissance ou des étapes de sa naissance. Et ce que l'on remarque, c'est que la façon dont la personne est née (soit parce qu'elle le sait, qu'on le lui a dit, ou parce qu'elle le retrouve dans l'expérience de la palingénésie) ressemble étrangement à la façon dont elle s'est structurée psychologiquement. Par

39 Une personne reçoit une mauvaise nouvelle. Elle se tend et bloque sa respiration. Elle devrait au contraire amplifier sa respiration ce qui facilitera l'intégration et l'acceptation de la mauvaise nouvelle.

exemple, une personne que j'ai eue dans ma pratique, qui était toujours en retard et qui avait énormément d'agressivité par rapport au fait de se faire bousculer et de se faire presser, a découvert qu'elle avait eu une naissance provoquée ! En fait, elle était née le jour où ça convenait au médecin accoucheur ! Et elle est née aussi par forceps ! Ceci a fait que cette personne gardait dans son psychisme la pression d'avoir été bousculée de façon douloureuse ; elle gardait aussi toute l'agressivité qu'elle avait ressentie à ce moment-là. »

QUESTION : « Agressivité qui n'avait pas été dégagée à ce moment-là ? »

RÉPONSE : « C'est ça. Alors, l'expérience de la naissance est très forte et s'imprègne dans un psychisme à peine constitué. Même si la naissance n'est pas traumatisante, si elle se fait facilement et de façon heureuse, de toute façon, on en garde quelque part un souvenir dans la mémoire du corps. Alors, je dirais que la naissance n'est pas forcément un traumatisme, mais qu'elle est de toute façon une expérience première sur laquelle un grand nombre d'expériences de vie vont venir se greffer. »

QUESTION : « Mais, est-on obligé de retourner nécessairement à sa naissance pour dégager sa respiration ? »

RÉPONSE : « Pas forcément. Chaque personne va retrouver dans la palingénésie ce dont elle a besoin : le corps a une sagesse qui permet de libérer ce qu'on a besoin de libérer et ce qu'on est capable de libérer. »

QUESTION : « C'est comme si le corps savait exactement ce qu'il a besoin de nous dévoiler ? »

RÉPONSE : « Oui, absolument. Alors, je pourrais donner cet autre exemple : les personnes qui sont nées avec le cordon autour du cou et qui ont toujours la gorge serrée ou qui ont peur de porter des cols roulés, ou encore qui ont une toux constante. Ou les personnes qui ont mis beaucoup de temps à naître et semblent toujours hésiter à avancer dans la vie. Or, il n'y a pas que la façon de naître ou la façon dont on a été accueilli : a-t-on été désiré ou pas, a-t-on a été accepté ou pas, quelle est la place dans la famille, etc. Toutes ces choses sont inscrites profondément dans notre psychisme. Alors je pense qu'il est très important d'ajouter que l'expérience de la palingénésie ne permet pas seulement de prendre conscience de ces choses mais aussi de les traverser, de les revivre émotivement et de respirer avec elles, c'est-à-dire de les ressentir, mais dans une situation où on est maintenant capable d'intégrer les émotions. Les émotions qui surgissent pendant les expériences de régression en palingénésie deviennent des expériences que l'on peut littéralement prendre dans nos mains et auxquelles on peut faire face. »

QUESTION : « Donc, les intégrer ? »

RÉPONSE : « Oui, les intégrer. »

QUESTION : « Cette respiration-là peut-elle nous aider aussi tout simplement dans notre vie quotidienne sans nécessairement que l'on doive faire des séances de palingénésie tous les jours ? Vous dites que la respiration se dégage dans notre vie, il y a sûrement des choses qui changent ou qui se transforment ? »

RÉPONSE : « Oui, certainement. Je crois même que la palingénésie est un outil thérapeutique et de développement qu'on peut utiliser au quotidien. Une fois qu'on a dégagé peut-être les plus gros blocages de notre passé, à ce moment-là, on peut utiliser la palingénésie comme une forme d'hygiène quotidienne, une forme de nettoyage de nos émotions au fur et à mesure qu'elles se présentent. »

Éliette Tanguay, infirmière

QUESTION : « En tant qu'infirmière, dans quel contexte avez-vous utilisé la palingénésie ? »

RÉPONSE : « J'ai utilisé la palingénésie dans mon milieu de travail avec une clientèle psychiatrique et une clientèle de personnes âgées. Je considère que mon expérience a été très valable avec ces deux clientèles. Cependant, je n'ai pas pu l'utiliser comme j'aurais voulu, parce que, bien sûr, j'ai eu à composer avec le milieu. D'ailleurs, celui-ci ne le permet pas à cent pour cent. Il s'est néanmoins présenté des situations où j'ai pu l'utiliser comme tel avec les deux clientèles. Dans certaines situations, il me semblait évident qu'un patient pouvait profiter d'un autre moyen d'intervention que celui que je pouvais lui offrir en tant qu'infirmière psychiatrique. J'ai travaillé aux urgences : des patients arrivaient en hyperventilation ou en crise d'anxiété aiguë. Avec ces personnes-là, il s'agissait de les amener un peu à l'écart, de leur parler et puis de les amener à respirer adéquatement. Il y avait bien sûr toute l'approche médicale qui leur était offerte mais il y avait aussi un contact de qualité, une autre forme d'aide. Selon mon évaluation, je pouvais juger si c'était pertinent d'adopter cette technique-là. Et c'est comme ça que je pouvais tenter d'accompagner le patient un peu plus loin dans ce qu'il ressentait. »

QUESTION : « Avez-vous constaté des améliorations chez ces personnes-là quand elles respiraient ? »

RÉPONSE : « Plusieurs situations me viennent en tête. J'ai vu chez la plupart des patients un effet très satisfaisant. C'est un moyen de les mettre en contact davantage avec ce qu'ils vivent à ce moment-là et c'est justement l'aspect qui est un peu délaissé quand les gens s'adressent au milieu médical. Ils pensent à des solutions rapides, à un médicament miracle. « Vous allez me donner quelque chose qui va faire que je vais partir d'ici, et vite ! » Plus tard, ils vont exprimer une insatisfaction sur la lenteur du traitement ! Le patient ne serait-il pas en partie responsable de son traitement ? C'est, bien sûr, cette prise de conscience qu'on devrait favoriser chez le public : se prendre davantage en mains. Je considère que dans ce contexte-là, une infirmière a un rôle assez primordial. J'ai vu des effets bénéfiques chez les personnes âgées aussi. Entre autres, je pense à cette dame d'un certain âge atteinte du cancer et qui avait déjà entrepris un travail très responsable dans plusieurs domaines : son alimentation, sa vie en général. Elle avait vraiment fait un remue-ménage de tout son passé. La palingénésie, chez elle, vu qu'elle en avait fait de façon continue, a permis que des choses bien extraordinaires se passent tant sur le plan physiologique que psychologique. Elle a constaté une certaine amélioration de son état. Je ne prétends pas que c'est uniquement grâce à la palingénésie, bien sûr, parce qu'elle s'était déjà prise en charge. C'est une question de nutrition, d'exercices, de respiration et d'assiduité. Grâce à cette technique-là, qui procède entre autres par l'exploration de nos croyances[40], cette dame a été en mesure de vraiment voir que beaucoup de ses idées avaient laissé une empreinte dans sa vie, une empreinte pas toujours positive. Elle voyait maintenant les conséquences de ses croyances avec lucidité. Elle a compris qu'elle avait cru en des choses qui ne lui ont pas nécessairement fait du bien. Juste le fait d'en prendre conscience, peut-être, était déjà très soulageant pour elle. C'est une façon de permettre à la personne de découvrir ses processus de vie[41]. Je trouve que la respiration amène cela. C'est ce que j'ai pu constater souvent. En palingénésie, on permet à la personne de prendre contact avec la racine de son anxiété. Bien sûr, tous les modes d'intervention visent cela, mais la palingénésie permet d'y arriver par un type de respiration qui crée en même temps un effet physique et psychologique tout à fait spécial. La personne va se rendre compte qu'elle peut vivre avec sa panique et, en même temps aussi, se permettre de se sentir bien dans son corps. »

QUESTION : « C'est important ce que vous dites : on peut rester en contact avec notre panique et en même temps ne pas se perdre ? »

RÉPONSE : « C'est ça. Le drame, le fameux drame, il est là. Nous allons prendre contact avec le fait qu'il y a un drame... ou plutôt qu'on en fait un drame. En même temps aussi, il peut y avoir un moyen de vivre à travers cette histoire-là et tranquillement avoir accès à une autre

---

40 Comme mentionné plus haut, une expérience de palingénésie entraîne parfois une déstructuration de nos processus cognitifs. Ainsi, il arrive que certaines de nos « lois personnelles » soient ébranlées et remises en cause.

41 Il s'agit d'une expression générale qui fait référence à nos schèmes de pensées, notre organisation psychique.

partie de soi-même, celle qui nous permet d'être bien. Qui nous permet d'être sereins. »

QUESTION : « Tout compte fait, qu'est-ce que la palingénésie vous a apporté, à vous ? »

RÉPONSE : « Ça m'a appris beaucoup sur mon fonctionnement, ma propre panique, mon propre drame, mon fameux drame qui se recréait dans mon quotidien et avec lequel je me débattais. Ça m'a appris finalement à concevoir davantage la vie comme elle est : avec ses douleurs, avec ses peines, et aussi avec une compréhension des processus. Ça m'a beaucoup appris, entre autres, à rester en contact avec ce qu'est la vie, ce que la vie apporte dans sa totalité. En ne rejetant rien ! »

Chapitre 11

Quels sont les mécanismes qui sont impliqués dans la respiration ? Quelle est l'influence de nos pensées, de nos peurs et de nos frustrations sur le métabolisme ? Quel est le lien entre l'expression de nos émotions et la souplesse et l'amplitude des mouvements respiratoires ? Quelle est la différence entre l'hyperventilation et la palingénésie ? L'expérience de notre naissance influence-t-elle notre respiration actuelle ? Quels sont les effets d'une respiration libre et dégagée ? Voilà autant d'interrogations auxquelles nous tenterons de répondre.

Le passage de l'air dans l'organisme se produit ainsi : dès son entrée dans les narines, l'air subit des modifications qui nous permettent de nous protéger du milieu extérieur. Même si l'air peut pénétrer par la bouche, les narines restent les voies les plus naturelles et surtout les plus sécuritaires. En effet, à l'intérieur des fosses nasales, se trouvent des poils qui retiennent les grosses particules de poussières inhalées ; une fine muqueuse, tapissant les cavités nasales, réchauffe et humidifie l'air inspiré. La présence de cette muqueuse est très utile par temps froid. Richement vascularisée, elle parvient rapidement à réchauffer l'air lors de son passage jusqu'à ce que l'air atteigne la température du corps bien avant qu'il n'arrive à la gorge.

Filtré, réchauffé et humidifié, l'air passe ensuite dans le pharynx, cavité située en arrière de la bouche et du nez. Dans cette région se retrouve un ensemble de glandes du système immunitaire : les glandes lymphoïdes (la lymphe contient des globules blancs), les végétations adénoïdes (glandes du pharynx, ce dernier communiquant avec le nez) et les amygdales pharyngées. Ces glandes ont comme fonction principale d'emprisonner et de détruire les bactéries captées par le mucus nasal. L'air traverse ensuite le larynx, une structure en forme de boîte qui supporte les cordes vocales. De là sera déclenché, si nécessaire, le réflexe de la toux. L'air est finalement aspiré dans la trachée, un tube qui le guide vers l'appareil respiratoire inférieur.

Comme dans les fosses nasales, la muqueuse trachéale est tapissée de cils vibratiles qui éloignent les particules de mucus des poumons. Ces particules seront avalées dans l'œsophage et se retrouveront dans l'estomac.

On peut comparer le trajet de l'air à un véritable « arbre respiratoire » à l'envers. À son extrémité inférieure, la trachée se divise en deux bronches. Chacune d'entre elles s'introduit dans un poumon, se divise en bronches secondaires qui se subdivisent en bronchioles. Celles-ci aboutissent à des centaines de millions de culs-de-sac aériens, les alvéoles. S'effectuent alors les échanges de gaz carbonique et d'oxygène entre l'air inhalé et le sang des capillaires sanguins, et cela par diffusion à travers les membranes des alvéoles et des vaisseaux. Par voie sanguine, l'oxygène sera transporté jusqu'aux tissus où s'effectuera la respiration cellulaire, tandis que le gaz carbonique, produit par le métabolisme des cellules, sera ramené aux poumons et expulsé au-dehors lors de l'expiration. Le *rebirth* chasse le gaz carbonique (CO_2) des alvéoles et le réduit dans le sang, ce qui rend le sang plus alcalin.

Des voies respiratoires dégagées facilitent évidemment le passage de l'air. Lors d'une séance de palingénésie, il est particulièrement important, en débutant surtout, mais aussi tout au long de la séance, de détendre les muscles du visage, de la gorge, des épaules et du dos, pour « ouvrir » le pharynx, le larynx, et la région thoracique. De plus, comme une séance de palingénésie consiste, partiellement du moins, en une respiration par la bouche, la qualité de l'air ambiant doit être vérifiée[42].

Quelle relation y a-t-il entre la respiration nasale et les activités cérébrales ? Le chercheur David Shannahoff-Khalsa[43] de l'Université de Californie à San Diego a remarqué que la respiration nasale influençait l'activité des hémisphères cérébraux par l'intermédiaire de la muqueuse pituitaire (recouvrant les fosses nasales et les sinus) qui contient des terminaisons nerveuses du nerf olfactif (premier nerf crânien sensoriel). Ces neurones traversent la lame criblée de l'ethmoïde (située dans les cavités nasales, et où traversent les terminaisons du nerf olfactif). Elles sont ainsi les seules terminaisons nerveuses cérébrales en contact direct avec l'air extérieur.

---

42 L'usage d'un purificateur d'air dans la pièce pendant le déroulement d'une séance est certes une bonne idée. Quant à l'effet combiné du purificateur et de la projection d'ions négatifs dans l'atmosphère durant une séance de palingénésie, il n'a pas encore été testé, à notre connaissance.

43 Cité dans Loehr, J. E. 1986. Consulter aussi la bibliographie.

Conformément aux anciennes techniques de hatha yoga, on a observé que la respiration par une narine activait l'hémisphère opposé à cette narine. La « respiration solaire » (narine droite) stimulerait toute activité qui exige logique, aptitudes verbales, présence d'esprit et volonté tandis que la « respiration lunaire » (narine gauche) semblerait associée à toute activité basée sur la réceptivité, les aptitudes non verbales, l'intuition et la globalité. De plus, on s'est aperçu que, au cours de la journée, la respiration s'ajustait à l'activité du moment et que chaque narine se bouchait à tour de rôle, selon les besoins.

Le muscle principal qui entre en action lors d'une respiration normale est le diaphragme. Stimulé par de lentes impulsions rythmiques en provenance du centre respiratoire, lui-même situé au sein du bulbe rachidien, le diaphragme se contracte vers le bas lors de l'inspiration. Il crée une dépression, ce qui permet à l'air de rentrer. Une deuxième série de muscles entre en action : les muscles intercostaux. Ces derniers, en se contractant, soulèvent les côtes rattachées au sternum et articulées à la colonne vertébrale. C'est l'inspiration, processus actif de la respiration. Lors d'inspirations profondes, une troisième série de muscles respiratoires (muscles supérieurs) entre en action : les scalènes (muscles de chaque côté du cou) et le sous-clavier qui dégagent les sommets de chaque poumon. Ces muscles sont particulièrement sollicités durant la séance de palingénésie.

Puis, au moment de l'expiration, le diaphragme et les muscles intercostaux se relâchent. Le tissu pulmonaire, grâce à sa propriété élastique, expulse l'air au fur et à mesure que la cage thoracique reprend son volume initial : ce phénomène se déroule habituellement de manière passive et détendue. Du reste, lors d'un exercice musculaire ou d'une expiration forcée (à éviter en palingénésie), les processus de l'expiration deviennent plus actifs : l'abdomen se contracte et pousse le diaphragme, provoquant ainsi une expulsion massive de l'air résiduel des poumons.

La respiration normale peut se faire de diverses façons. On distingue généralement trois grands modes respiratoires :

- la respiration abdominale (abaissement du diaphragme et compression de l'abdomen), respiration utilisée surtout par les hommes et les enfants ;
- la respiration thoracique (les côtes se soulèvent et le diaphragme se contracte peu), respiration utilisée principalement par les femmes dans la civilisation occidentale ;
- la respiration complète qui mobilise à la fois la cage thoracique et l'abdomen. Il semblerait que la différence de respiration (différence qualitative et quantitative) entre les hommes et les femmes soit plutôt d'ordre culturel et non d'ordre physiologique.

L'idéal est d'utiliser ces trois types de respiration à bon escient. Ainsi, lors d'une activité très physique, la respiration a tendance à s'amplifier et à devenir plutôt abdominale tandis que des activités plutôt intellectuelles ou des moments à forte charge émotive provoquent une respiration plutôt thoracique. Quant à la respiration profonde, régulière, lente et complète, on la retrouve pendant les périodes de calme ou de sommeil profond, quand le métabolisme se trouve ralenti.

Le processus respiratoire est une alternance de contractions et de relâchements musculaires, un équilibre entre l'action (inspiration) et la détente (expiration). Malgré tout, nous respirons souvent de façon inappropriée : ou nous contrôlons notre respiration en ne la relâchant jamais complètement, ou nous inspirons trop peu, nous privant du même coup de l'oxygène, ingrédient indispensable au bon fonctionnement de l'organisme, ou encore les deux.

Une rééducation du souffle par la palingénésie agit donc sur notre vitalité (meilleure résistance au froid et à la chaleur, récupération physique plus rapide, sommeil plus profond, idées plus claires, sensations de calme et de bien-être plus fréquentes, meilleure digestion, etc.). De plus, le fait de dégager sa respiration donne toujours l'impression d'avoir dépassé certaines barrières respiratoires. L'inspiration et l'expiration se font alors plus facilement et sans accroc. Les freins respiratoires qui nous empêchaient de vivre pleinement ont enfin relâché leur emprise, ce qui représente tout un soulagement pour le corps et l'esprit.

Chapitre 12

On a émis l'hypothèse[44] que l'asthme peut être perçu comme un cri d'alarme. Ce cri que pousse maladroitement un sujet qui n'a pas la force, le vocabulaire, le courage de dire, de protester, d'affirmer ce qu'il vit. Dès lors, le seul outil qu'il possède est sa respiration, médium d'échange avec son environnement (« je reçois, je donne ; j'écoute, je dis »). Ce que l'asthmatique ne dit pas, il le « siffle » par une respiration étouffée et bruyante. Le caractère souffrant s'apparente à une plainte qui attire inévitablement l'attention des parents et, dans certains cas, du médecin. La plainte est certes entendue, mais non interprétée ni comprise. Elle doit par conséquent être répétée malgré la souffrance et la douleur de celui qui a peur d'étouffer chaque fois.

La respiration s'ajuste aux besoins en oxygène de l'organisme. Dès que le métabolisme augmente (par une plus grande activité des muscles, une sécrétion des glandes endocrines, une période de digestion, une excitation des tissus nerveux, une augmentation du rythme cardiaque, etc.,), la consommation d'oxygène (O_2) et la production de gaz carbonique (CO_2) augmentent elles aussi. Du

---

44 Dr Jean-Bernard Michel. Cité dans « L'asthme, 20 spécialistes vous parlent ».

coup, la fréquence et la profondeur de la respiration se transforment pour rétablir les pressions de CO_2 (PCO_2) et d'O_2 (PO_2) dans le sang. D'autres facteurs peuvent aussi influencer le rythme respiratoire :

a) Accélération de la fréquence respiratoire
Une douleur prolongée
Une élévation de la température corporelle
Une baisse de la tension artérielle
Une augmentation de PCO_2 dans le sang
Une diminution importante de PO_2

b) Ralentissement de la fréquence respiratoire
Une douleur soudaine
Une diminution de la température corporelle
Un refroidissement soudain de la peau
Une élévation de la tension artérielle
Une réduction de PCO_2
Une irritation de la gorge
Une frayeur soudaine
Un bruit violent

Tous ces changements se produisent la plupart du temps de façon réflexe. Toutefois, si les mouvements respiratoires sont réprimés pour diverses raisons (rigidité de la cage thoracique, manque d'exercice physique, maladies respiratoires, etc.), l'organisme obtient moins rapidement le surplus d'oxygène dont il a besoin, et ne sera plus aussi efficace pour expulser le gaz carbonique.

Prendre conscience de sa respiration et l'amplifier volontairement dès qu'on a l'impression de « manquer d'air» ou de respirer faiblement est un bon moyen de contrer cette «famine respiratoire». Les périodes d'essoufflement lors d'activités physiques et les moments d'inattention et de somnolence lors d'activités intellectuelles peuvent être dépassés de cette façon[45]. De plus, une respiration profonde peut nous aider à vivre avec moins d'appréhension les fortes sensations associées à la douleur, au rêve et au plaisir.

La respiration se transforme aussi pour nous permettre de communiquer verbalement ou d'exprimer toute une gamme d'émotions. Ainsi, dès qu'on parle, chante, rit, soupire, pleure, sanglote ou crie, le rythme autant que l'amplitude respiratoire changent. On peut dire que chaque type d'émotion est défini par un mouvement respiratoire particulier, même si le rire et les pleurs présentent le même mouvement de base: une longue inspiration suivie de plusieurs expirations brèves et saccadées. Toutes ces variations respiratoires d'amplitude et de rythme donnent l'occasion à l'organisme de se libérer de tensions musculaires accumulées et d'éliminer les toxines contenues dans l'air expiré ou dans les larmes versées. À cet égard, la consultation des recherches du Dr William H. Frey nous apprend que les larmes produites par les émotions libèrent une grande quantité de toxines (hydrosolubles); les larmes produites par une irritation aux yeux n'en libèrent pas. Plus précisément, la composition chimique des larmes de joie est différente de celle des larmes de tristesse: elles sont complémentaires dans le processus d'élimination de toxines différentes. Quant

45 Les fumeurs connaissent bien la sensation faussement régénératrice d'une première bouffée de cigarette qui est, en fait, une longue et profonde inspiration.

aux bâillements, aux éclats de rire, aux pleurs, aux sanglots et aux cris, ils suscitent souvent une grande détente physique et psychique au cours des minutes suivant leur manifestation.

En fait, la souplesse de mouvement de l'appareil respiratoire facilite l'expression de notre monde émotif et rééquilibre le fonctionnement de l'organisme.

Chapitre 13

La respiration est habituellement un mécanisme réflexe, mais elle peut, dans une certaine mesure, être influencée par notre volonté. Elle est contrôlée par le centre respiratoire situé dans le bulbe rachidien, prolongement de la partie supérieure de la moelle épinière. Dans cette zone, à la jonction du cou et de la tête, se trouvent aussi deux autres centres réflexes importants : le centre cardiaque qui règle les battements du cœur et sa force de contractions, et le centre vasomoteur qui contrôle le diamètre des vaisseaux sanguins. Toujours dans cette région, on a découvert des centres responsables de fonctions non vitales telles que la toux, le vomissement, le hoquet, la déglutition. Quant au bulbe rachidien, il contient aussi des noyaux qui donnent naissance à plusieurs paires de nerfs crâniens, dont le nerf auditif qui joue un rôle dans l'équilibre statique et dynamique. Une sous-oxygénation du bulbe rachidien peut donc affecter non seulement la respiration, mais aussi toutes les activités des centres situés à cet endroit.

Quel est le mécanisme qui régularise la respiration ? Le centre du rythme respiratoire est l'une des trois régions neuronales du centre respiratoire qui règle le rythme de base de la respiration. Celle-ci, dans les conditions normales, dure environ deux secondes à l'inspiration et trois secondes à l'expiration. Le centre provoque des influx nerveux toutes les cinq secondes environ, influx qui contractent les muscles de la respiration.

Le centre respiratoire est aussi relié au cortex cérébral. Nous pouvons ainsi modifier volontairement notre respiration, voire nous abstenir de respirer. Ce mécanisme constitue une protection qui nous permet, par exemple, de bloquer le passage d'air lorsqu'il contient des gaz toxiques ou de l'eau. En revanche, cet arrêt respiratoire est limité par une accumulation rapide de CO_2 dans le sang. Le centre respiratoire est alors à nouveau stimulé et la respiration reprend, que nous le voulions ou non. Il est donc impossible de provoquer sa propre mort en bloquant sa respiration. Et c'est heureux !

Le rôle principal de la respiration est de maintenir des taux adéquats de CO_2 et d'O_2 dans le sang. Le centre respiratoire est par conséquent très sensible aux variations de pression de ces gaz. Même s'il est plus pratique de parler de CO_2 comme principal stimulus chimique dans la régulation de la respiration, il s'agit en fait des ions H^+ qui jouent ce rôle. Ainsi, le CO_2 se combine à l'eau pour former de l'acide carbonique H_2CO_3, acide qui se dégrade rapidement en ions H^+ et HCO_3. Dès que la concentration en ions H^+ augmente légèrement, le centre respiratoire est fortement stimulé et la fréquence respiratoire augmente. C'est alors que s'amorce le processus de l'hyperventilation. Cette augmentation du rythme respiratoire permet d'expulser le CO_2 en surplus pour que la pression revienne à la normale. Par contre, si la concentration en ions H^+ s'abaisse, on assiste à une réduction de la fréquence respiratoire ou hypoventilation. D'ailleurs, avec le stress vient une respiration peu profonde. Lorsque nous sommes stressés, nous perdons la capacité d'évacuer le CO_2 et il s'accumule dans le corps. Le corps doit travailler pour contrebalancer[46].

On peut aussi créer une diminution de la pression en CO_2 en chassant ce dernier des poumons par une hyperventilation volontaire. Du coup, le centre respiratoire déprime et freine ses influx nerveux pendant un moment. La respiration se fait alors au ralenti. Ce phénomène est bien connu des plongeurs qui parviennent ainsi à allonger leur temps d'apnée[47] sous l'eau.

Contrairement aux techniques de détente et de hatha yoga où l'expiration est prolongée et maîtrisée, la palingénésie met l'accent sur l'inspiration et demande de laisser aller (lâcher prise) l'expiration, créant par là un temps de récupération et de détente. De plus, la respiration est circulaire, sans temps d'arrêt entre l'expiration et l'inspiration ni entre l'inspiration et l'expiration. Il s'agit ici du processus de « surventilation » qui permet de réactiver certains souvenirs et de ramener à la surface d'anciens traumatismes non résolus pour laisser s'exprimer, à travers le souffle, les émotions refoulées.

« Attention surventilation et hyperventilation ne sont pas synonymes. »

---

46 Webb Kelley, J. (2015). *Acid vs. Alkaline in the Body*.

47 Apnée : arrêt de la ventilation. On parle aussi d'arrêt respiratoire ou d'arrêt ventilatoire.

La palingénésie ne peut être assimilée à un simple exercice d'hyperventilation. Au cours d'une séance, on peut y vivre aussi bien des périodes précieuses d'hypoventilation ou de surventilation, que des périodes régénératrices de calme et de détente.

Un intervenant compétent facilitera la prise de conscience, l'acceptation et le dépassement des mécanismes de défense de la structure respiratoire de son client. La surventilation permet surtout d'apprécier les effets d'une respiration ample, libre et dégagée.

En revanche, lorsque la respiration est soutenue à l'aide d'expirations forcées (ou poussées), il s'opère un rejet excessif de CO_2. La concentration du gaz dans le sang est alors sous la normale, et le PH sanguin devient alcalin (alcalose respiratoire). Cela engendre l'hyperventilation, c'est-à-dire une myriade de symptômes qui s'expliquent en partie par le manque de stimulation des centres vitaux du bulbe rachidien. Ces symptômes peuvent être évités par une meilleure qualité du « laisser-aller » dans l'expiration (ou relâchement).

L'alcalinité peut être bénéfique pour le corps. La diète alcaline peut réduire la prévalence et la mortalité de maladies chroniques[48].

Les symptômes très variés du syndrome d'hyperventilation peuvent être les suivants : étourdissements, vertiges, fourmillements et engourdissements de diverses

48 Schwalfenberg, G. K. (2011). *The Alkaline Diet*. La diète alcaline est controversée.

parties du corps, tétanies localisées, maux de tête, tremblements, bourdonnements d'oreilles, larmes[49].

On remarque parfois des nausées et, plus rarement, des vomissements. En ce qui a trait au sang, on note une baisse de la tension artérielle ainsi qu'une alcalose respiratoire tandis que la pression d'O_2 est relativement stable. Il faut savoir que l'alcalose produit une hyperexcitabilité à la fois de tout le système nerveux central et des nerfs périphériques. Des auteurs suisses (Keller et Gerber) ajoutent à tout cela des sensations de boule dans la gorge, d'assèchement de la bouche et des sueurs. Au demeurant, tous les auteurs s'accordent pour qualifier ce syndrome de « psychosomatique », à la fois engendré et activé par l'angoisse.

Pour résumer, le syndrome d'hyperventilation serait un trouble de la régulation centrale de la respiration qui déclencherait une augmentation plus ou moins constante de la ventilation pulmonaire, mécanisme entretenu par le stress causé par ces mêmes manifestations.

Quel est le mécanisme qui provoque toute cette panoplie de symptômes ? D'après des recherches de F. Gotoh, les effets cérébraux et les symptômes qui les accompagnent seraient dus à une baisse de pression en O_2 dans la veine jugulaire, veine située dans le cou, qui draine le

---

49 À signaler que l'air, lors de son passage au niveau des cornets (trois paires de lames osseuses constituant en partie les fosses nasales), effectue une pression sur les orifices du canal lacrymal (ce qui déclenche les pleurs) ainsi que sur les orifices des sinus frontaux, maxillaires ethmoïdaux et sphénoïdaux (os de la base du crâne). Le sinus sphénoïdal se trouve juste en dessous de l'hypophyse (qui a comme fonction la sécrétion d'hormones), ce qui correspond à une stimulation du sixième chakra (ou troisième œil).

sang du cerveau vers la veine cave supérieure et l'oreillette droite. Paradoxalement, une baisse de pression de CO_2 provoque une diminution du diamètre des vaisseaux sanguins (vasoconstriction) et donc une sous-oxygénation du cerveau. De plus, s'ajoute l'effet Bohr dans le sang à PH alcalin. Il s'agit d'un phénomène chimique qui réduit la libération d'O_2 fixé à l'hémoglobine du sang. Il y a donc moins d'O_2 disponible pour les cellules, incluant les cellules nerveuses.

Dans le cou une glande s'occupe du métabolisme du calcium, c'est la glande parathyroïde. Chez les animaux à qui on a retiré la glande parathyroïde, il se produit des tétanies. Elle sécrète la parathormone qui régularise les taux de calcium et de phosphore dans le sang. Après une séance d'hyperventilation en vue de produire des tétanies, le PH sanguin augmente ainsi que celui de l'urine, lequel varie encore plus à la hausse. À la fin de cette séance d'hyperventilation, l'urine récoltée était trouble, et ce, parce que l'urine est alcaline et qu'elle contient du phosphate précipité. Pour maintenir un taux d'ions d'hydrogène constant dans le corps, Grant et Goldman émettent l'hypothèse que les reins excrètent les substances alcalines durant le processus d'hyperventilation. Aussi, durant cette séance, le rythme d'excrétion d'ammoniac est diminué.

On a observé que les lobes temporaux, situés sur les côtés des hémisphères cérébraux, près des tempes, jouent un rôle important dans l'intégration et la mémorisation des sensations, des émotions et même des schèmes de comportement. Le bulbe rachidien et les lobes temporaux, sous-oxygénés, peuvent donc déclencher ces symptômes. Une hyperventilation prolongée peut aussi provoquer une baisse de la vigilance[50], d'où l'importance d'être adéquatement accompagné durant les séances de palingénésie.

En milieu hospitalier, en salle des urgences, pour réduire les manifestations de l'hyperventilation, on demande parfois au patient de respirer son propre gaz carbonique expulsé et emprisonné dans un sac en papier, pour régulariser le taux de CO_2 dans le sang. En palingénésie, on mettra plutôt l'accent sur une expiration relâchée et sur l'aspect « détente », ce qui permet au patient de prendre une distance par rapport à l'anxiété que peut créer l'apparition de certaines sensations peu ordinaires.

50 Cela peut paraître paradoxal puisqu'une alcalose respiratoire amène une hyperexcitabilité du système nerveux central. Mais justement, du fait de cette hyperexcitabilité, les multiples sensations, émotions et symptômes ressentis de façon inhabituelle détournent l'attention de la personne, d'où la baisse de vigilance.

Chapitre 14

Une attention soutenue en ce qui a trait à la respiration mène à une conscience corporelle affinée et à une expérience consciente du moment présent. Toutefois, l'écoute de son propre rythme régulier, celui du souffle, peut aussi provoquer une sorte d'autohypnose. La palingénésie peut donc engendrer des états modifiés de la conscience. Cela explique, du moins en partie, les expériences à caractère spirituel ou extatique associées à cette pratique. D'ailleurs, ces états de supra conscience peuvent aussi être ressentis lors de séances de méditation, d'isolation sensorielle[51], ou encore d'hypnose profonde. Plusieurs sujets rapportent des sensations d'extase, des « sensations sommet[52] » des états modifiés de conscience que l'on pourrait traduire sous l'appellation de « communion étroite avec l'univers ».

En fait, toutes ces méthodes provoquent des états qui semblent avoir en commun une perte momentanée de

---

51 Par exemple, les « bains flottants » ou « caissons à isolation sensorielle ».

52 « *Peak experiences* », décrites par A. Maslow.

la conscience du moi et une déstructuration brève de la « frontière contact[53] ».

Un sentiment parfois grandiose d'appartenance à l'Univers peut être ressenti et même rester présent longtemps après l'expérience. Certaines personnes rapportent également avoir l'impression de transcender le temps et l'espace. Notre champ de conscience ordinaire s'élargit, notre vision habituelle de la réalité se modifie, ce qui nous donne accès à d'autres types de sensations et à d'autres systèmes d'information. Le filtre de nos perceptions, que le cerveau met en place pour ne pas être submergé, est en quelque sorte enlevé partiellement.

En général, ces états modifiés de la conscience sont vécus de façon naturelle et simple, parfois de façon magnifique. Ils peuvent être facilités par l'écoute d'un morceau de musique d'une très grande beauté, ce qui peut apporter un moment de forte intensité émotive, ou encore un « orgasme » hors du commun (une sensation de bien-être intense, mais de nature non génitale). Tout cela peut marquer de façon positive et durable les personnes qui vivent cette expérience.

Pour Andrew Weil, les états modifiés de la conscience seraient des mécanismes innés de protection du système nerveux ; ils existeraient pour permettre audit système de rééquilibrer et de faire circuler les influx nerveux. Du reste, l'individu censure souvent ces états de « super éveil », étant donné que notre type de société ne valorise pas tellement ce genre de découverte intérieure. Et pourtant, des

---

53 Le terme est emprunté à la Gestalt : il s'agit de cette frontière qui sépare le moi de l'environnement. Celle-ci est tantôt ouverte, tantôt fermée, tantôt entrouverte.

statistiques démontrent qu'en Angleterre, une personne sur trois, même si elle n'ose pas en parler par peur d'être ridiculisée, aurait déjà vécu ces « expériences sommet ».

Ces sensations de bien-être et de paix semblent provenir du rhinencéphale, ou cerveau limbique. Pour Andrew Weil, le rhinencéphale serait le domaine de l'inconscient tandis que le néocortex correspondrait au conscient. Selon lui, il existerait des circuits nerveux qui permettraient aux deux régions de communiquer entre elles.

Réagissant aux messages du néocortex, le cerveau limbique peut modifier le fonctionnement du système nerveux autonome pour le meilleur ou pour le pire. Ainsi, une crainte, une inquiétude, une peur ou un moment de bonheur peuvent causer des répercussions physiologiques correspondant à la nature des messages envoyés par le néocortex.

Il faut encore mentionner que des impulsions en provenance du cerveau limbique peuvent être envoyées au néocortex, comme le montrent des intuitions ou des souvenirs de rêves. Si ces circuits sont bloqués, ces impulsions ou énergies s'accumulent dans le rhinencéphale, ce qui peut influencer le système nerveux autonome et engendrer des tensions physiques à long terme ainsi que des maladies psychosomatiques.

La respiration modifiée lors d'une séance de palingénésie permet à ce type de circuit de « s'ouvrir », d'où l'importance de rester en tout temps conscient et attentif à toutes les pensées, images et émotions qui émergent, même si elles peuvent être floues au début. « Rester conscient sans s'y accrocher ». C'est l'occasion de vivre toute la subtilité du « lâcher-prise », expérience pleinement liée à la palingénésie[54].

Comment se fait-il que des souvenirs reviennent à la mémoire au cours d'une séance de palingénésie? Les lobes temporaux, sensibles à un changement d'O_2, semblent impliqués dans ce phénomène. On a d'ailleurs remarqué que dès que le lobe temporal est stimulé électriquement, certaines personnes ont l'impression qu'elles sont dans deux endroits à la fois: la mémoire d'un évènement passé et le moment présent coexistent dans la conscience.

Ces réminiscences sous forme de « vidéo intérieure » représentent d'ailleurs un autre effet caractéristique des états modifiés de la conscience. Lors d'une séance de palingénésie, on peut ainsi « revoir » ou « revivre » des évènements occultés (de façon vague ou précise). Ces souvenirs reviennent en mémoire très spontanément par l'intermédiaire de sensations, d'images, d'odeurs, de goûts ou d'émotions, tout cela étant facilité par la respiration consciente. Le film du vieux traumatisme se déroule alors très rapidement. Il suffit de demeurer un témoin attentif et non jugeant à tout ce qui se présente pour que cette partie de nous qui se dévoile se sente acceptée et en sécurité[55]. Aussi étonnant et simple que cela puisse paraître, le conflit au cœur de ce « nœud énergétique », lorsqu'il est accepté, se résoudra de lui-même[56]. Du coup,

54 On retrouve aussi le phénomène du lâcher-prise dans plusieurs philosophies orientales qui, toutes, relient les processus respiratoires aux processus cognitifs.

55 Il faut bien reconnaître que l'acceptation de ce qui se passe n'est pas toujours aussi facile à réaliser. Mais on peut apprendre à le faire en favorisant le relâchement complet à l'expiration.

56 C'est le phénomène appelé « intégration ».

l'énergie bloquée se remet à circuler, et l'on ressent alors une très grande détente et une impression de paix s'installer en nous.

Après une séance de palingénésie, quand notre respiration retrouve son rythme habituel et son amplitude naturelle, les hémisphères cérébraux émettent des ondes alpha (huit à douze cycles/seconde), ondes qui indiquent une période de calme et de sérénité. Le cerveau vibre « à l'unisson ». Il semblerait d'ailleurs que l'émission de ce type d'ondes soit des plus profitables pour l'organisme et indique une activité plus équilibrée de l'ensemble des neurones du cerveau. Cette répartition égale d'influx nerveux intensifie le fonctionnement des sens (vue claire, meilleure audition, odorat élargi, sens du toucher plus fin) et favorise la créativité et l'intuition[57].

On retrouve le rythme alpha dans la « méditation pleine conscience » (parfois appelée « attention juste », ou « présence attentive » ou, en anglais, « *mindfulness* »). Elle désigne la conscience vigilante des pensées, actions et motivations. La pleine conscience est utilisée comme une forme de thérapie ayant pour but la réduction du stress et la prévention de rechutes de la dépression. On peut aussi méditer pour améliorer son empathie, en mettant l'accent sur cet aspect. Pour les personnes en cure de désintoxication de drogues, la méditation chinoise *Qigong*, basée sur le souffle, permet de diminuer les sensations de manque et d'améliorer le pourcentage d'achèvement de la thérapie[58]. À court terme, la méditation améliore l'attention et la gestion du stress.

---

57 Ceci est rapporté par un très grand nombre de clients. Toutefois, les recherches manquent dans ce domaine.

58 Chen et collègues. 2010.

Chapitre 15

L'homme apprend beaucoup par imitation tout au long de sa vie. Les relations humaines sont importantes dans la fabrication de nos comportements. Les interactions humaines expliquent, selon le modèle de Gleaser et collègues, l'importante variation de la criminalité d'une ville à l'autre. Plus précisément, leur modèle prévoit que l'influence des interactions sociales est la plus grande pour les petits crimes, moyenne pour les crimes plus sérieux, et négligeables dans les cas de meurtres et de viols. Les jeunes criminels sont ceux qui sont le plus influencés par les interactions sociales. Par ailleurs, les condamnés ayant commis un homicide ont vécu des expériences de vie plus stressantes, et ce, de façon chronique, comparativement aux condamnés ayant commis un crime non violent[59]. Il est intéressant de constater une baisse de crimes violents, baisse statistiquement significative, commis dans les communautés et dans les villes américaines où plus de un pour cent de la population médite régulièrement selon la méditation transcendantale Sidhi. Cette technique s'appuie sur des exercices de respiration

59 Humphrey et Palmer. *Stressful Life Events and Criminal Homicide.*

pranayama[60]. Les chiffres proviennent de deux cent six villes américaines. Les résultats de cette étude semblent corroborer l'existence d'une conscience collective : il est permis d'affirmer qu'il existe un lien entre la réduction de stress chez les individus méditant régulièrement et le stress du groupe auquel ils appartiennent. Ce lien permet aux méditants de réduire à leur tour le stress chez les individus avec lesquels ils sont en contact dans leur société. Selon Durkheim, « l'ensemble des croyances et des sentiments communs à la moyenne des membres d'une même société forme un système déterminé qui a sa vie propre ; on peut l'appeler la *conscience collective* ou *commune* ». Ce même auteur postulait l'existence d'une conscience collective pour chaque groupe de personnes régi par des lois communes.

Maharishi Mahesh Yogi précise pour sa part que chaque niveau de la société (famille, communauté, ville, province, nation) aurait une conscience collective qui résulterait de la qualité de conscience de chaque individu faisant partie de cette société. Un tel groupe de méditants ferait diminuer le stress de la conscience collective, ce qui allègerait le stress et les comportements violents individuels des autres citoyens. « Or, pour que les sociétés puissent vivre dans les conditions d'existence qui leur sont maintenant faites, affirme Durkheim, il faut que le champ de conscience tant individuel que social s'étende et s'éclaire. »

Ainsi, lors d'une séance de palingénésie, en plus des sensations et des émotions, on constate que des images

---

60 https://www.eurekalert.org/pub_releases_ml/2016-04/muom-t041716.php. Site exploré le 4 février 2017.

et des pensées peuvent également surgir. Ces dernières ont des retombées certaines sur notre bien-être et notre santé. Les techniques de visualisation en confirment l'effet. Au Texas, Carl Simonton, cancérologue, et Stéphanie Matthews, psychologue, furent des pionniers dans l'usage de la visualisation auprès de personnes atteintes de cancer. Ils avaient remarqué auparavant que les patients réagissant bien aux traitements se distinguaient des autres par leur attitude positive envers la maladie et la vie en général. À la suite de ces observations, Simonton et Matthews mirent au point des exercices de visualisation pour modifier les croyances des malades envers la maladie, le cancer étant souvent associé à la mort. En plus des traitements de chimiothérapie, le malade se relaxait trois fois par jour, et se représentait mentalement, par imagerie, les effets du traitement à l'aide d'une visualisation de la destruction des tissus cancéreux par le système immunitaire et de leur élimination par le système circulatoire. Dans plusieurs cas, il y a eu rémission spectaculaire des métastases. D'ailleurs, la même technique commence à être utilisée pour les cas de VIH/SIDA. Pour atténuer le stress chez des patients atteints de cancer, le *rebirth*, l'entraînement autogène de Schultz[61] et la visualisation étaient déjà utilisés en 2006 à l'Institut européen d'oncologie à Milan.

La visualisation a été effective aussi, alliée à de la méditation, dans la guérison spectaculaire de Phakyab Rimpoché, un moine tibétain dont le pied devait être amputé

---

61 Johannes Heinrich Schultz. (1884-1970). Médecin allemand, il s'orienta vers la psychiatrie et la psychologie. Il élabora sa technique de relaxation à partir de données physiologiques et psychologiques.

selon les médecins, car il était sévèrement gangrené. La guérison mit toutefois plusieurs années à se produire. Dans une étude, on a regardé l'efficacité de techniques de relaxation sur la guérison de plaies. Les chercheurs ont observé que des respirations profondes alliées à la visualisation guidée, et ce, trois jours avant et sept jours après une opération, ont permis de constater une guérison plus rapide desdites plaies[62].

Par ailleurs, Wim Hof, un Néerlandais, a battu plus de vingt records du monde dans sa capacité à résister au froid. Il s'entraîne grâce à un programme qu'il a lui-même créé, programme comportant des techniques de méditation (avec visualisation), de cycles d'hyperventilation suivis d'apnée, d'exposition au froid et de postures de yoga. Ce programme a été suivi par douze participants pendant dix jours[63]. Le groupe expérimental a réussi à activer volontairement le système sympathique et à tempérer sa réponse immunitaire innée (l'inflammation en cas de présence d'une bactérie). Les expérimentateurs ont injecté une bactérie, l'endotoxine *Escherichia coli*, chez les participants. Les techniques de Hof ont provoqué une alcalose respiratoire et une hypoxie[64] et cela a augmenté le niveau d'adrénaline. L'augmentation d'adrénaline a été suivie d'une augmentation de la production de médiateurs anti-inflammatoires et subséquemment par une diminution des cytokines[65] pro-inflammatoires produites par l'administration de la bactérie.

---

62 Broadbent et collègues. 2012.

63 Knox et collègues. 2014.

64 Diminution sous la normale du taux d'oxygène utilisable par les cellules.

65 Petites protéines modulant l'immunité.

Dr Herbert Benson (né en 1935) est professeur de médecine à l'Université de Harvard. Il est pionnier de l'observation du rôle de la méditation, de la spiritualité et de la respiration dans l'apprentissage de la relaxation. Il a participé à un colloque Esprit-science qui s'est tenu à Harvard en mars 1991, en relation avec le dialogue entre scientifiques et bouddhistes à l'initiative du quatorzième Dalaï-Lama.

Il a effectué des études sur la pratique yogique du Toumo. Des moines se sont enveloppés dans des couvertures imprégnées d'eau glacée à quatre degrés Celsius. Grâce à la technique de Yoga Toumo, ils se sont réchauffés et ont asséché leur couverture en moins de trente minutes. Ils rapportent que la méditation leur permet de se concentrer sur leur respiration (inspiration et expiration). Grâce à l'imagination, ils parviennent à transformer l'air en flammes, ce qui permet à leurs extrémités d'atteindre une température de dix-sept degrés Celsius.

Il faut néanmoins savoir que les nouvelles images ou pensées doivent tenir compte des vieilles images récoltées dans le passé. De même, lors d'une séance de palingénésie, la respiration permet de prendre conscience de nos croyances profondément ancrées (parfois appelées « lois personnelles »). Lorsque ces systèmes de pensée ne correspondent plus à notre vie actuelle, nous devons, en premier lieu, prendre conscience qu'elles sont désuètes, les accepter comme ayant fait partie de notre bagage pour finalement pouvoir les transformer par la suite afin qu'elles cessent d'agir négativement sur le corps.

On a observé qu'il existait des liens entre le cortex (où est stockée une partie des images sous forme d'hologramme)[66] et le système nerveux autonome (responsable des actions involontaires du corps, comme la digestion, la pression sanguine, le fonctionnement des glandes endocrines). Des liens semblables existent entre la glande pituitaire, le système nerveux autonome et le cortex. En d'autres mots, une image intérieure peut avoir autant d'effet sur toutes les cellules du corps qu'une image formée à partir de stimuli extérieurs. En effet, le souvenir d'un vécu réel ou d'un vécu imaginaire est identique, et il s'engramme dans notre mémoire corporelle, même si les stimulations ont cessé. Tout ceci devient alors une série d'images bien ancrées dans l'inconscient. Tout processus mental entraîne donc des répercussions sur le plan physiologique.

La palingénésie nous aide ainsi à prendre conscience de ces vidéoclips occultés qui, malgré notre bonne volonté et notre désir de changer, risquent de saboter nos efforts.

66 Selon K. H. Pibram.

Chapitre 16

Après la naissance, le rythme respiratoire prend quelques minutes à se stabiliser. Il ralentit progressivement au cours des semaines qui suivent. Toutefois, certains problèmes peuvent bouleverser la respiration à la naissance. Ainsi, les centres respiratoires peuvent être déprimés lors d'une anesthésie (drogues administrées à la mère et transmises au bébé), lors d'une césarienne, ou encore lorsque survient un problème lié à une mauvaise présentation de l'enfant dans le col de l'utérus. De plus, même si deux mois avant la naissance l'appareil respiratoire du fœtus est assez bien développé pour permettre à l'enfant de respirer normalement, certaines faiblesses respiratoires peuvent être ressenties chez le bébé prématuré au moment de sa naissance.

Il n'est donc pas étonnant que certaines difficultés respiratoires chez l'enfant et l'adulte trouvent leur origine dans le traumatisme de la naissance.

La pratique de la palingénésie, à long terme, permet de se libérer des mauvaises habitudes respiratoires. Comme le mentionnait le grand chimiste français Lavoisier : « La respiration n'est qu'une combustion lente de carbone et d'hydrogène, semblable en tout point à celle qui s'opère dans une bougie. De ce point de vue, l'être humain qui respire est un véritable corps combustible qui brûle et se consume. » De fait, une respiration dégagée influence le métabolisme de base de l'organisme en augmentant l'activité des échanges gazeux et chimiques. Elle favorise à la fois l'anabolisme (synthèse et assimilation des constituants cellulaires) et le catabolisme (élimination et destruction des constituants cellulaires).

Pour le système nerveux, une bonne oxygénation équilibre l'excitabilité des fibres nerveuses (par un meilleur échange chimique en ce qui concerne les synapses) et procure calme et détente. Du côté du système cardiaque, une respiration profonde régularise la circulation du sang. En effet, lorsque la pression négative intra thoracique est plus grande, le retour du sang veineux vers le cœur s'en trouve facilité. De plus, la respiration influence la composition du sang en y diminuant la concentration en acide lactique, en transformant des sucres complexes en glucose et en favorisant la combustion des graisses. Après plusieurs séances de palingénésie, une meilleure digestion est souvent observée chez le sujet. Des problèmes liés à un dysfonctionnement du foie peuvent même être réduits. Il en va de même pour certains maux de tête, nausées, insomnie ou sensations de vertige.

Quant à l'alternance de contractions et décontractions du diaphragme, elle agit sur le système digestif en y créant un massage régulier de tous les organes abdominaux, ainsi qu'un étirement des plexus nerveux[67].

Lorsqu'on observe le processus d'élimination de l'organisme, on se rend compte de l'importance de l'expiration. En effet, trois pour cent des déchets et toxines sont éliminés par le transit intestinal, sept pour cent par l'urine, et vingt pour cent par la sudation de la peau. Il reste donc soixante-dix pour cent des toxines qui seront éliminées par l'expiration. La surface d'échange alvéolo-capillaire représente d'ailleurs plus de deux cents mètres carrés, soit à peu près l'équivalent d'un court de tennis !

Lors d'une séance de *rebirth*, le client qui vit une émotion, quelle qu'elle soit, est invité à l'accepter. Il est préférable que l'intervenant évite de s'immiscer, de contrôler, de consoler. En effet, l'émotion se doit d'être vécue et traversée.

Tout au plus, on peut dire quelques mots à la personne qui traverse une zone de turbulences émotives ; cependant, si la personne est en situation de souffrance, il est important d'intervenir pour éviter qu'elle ne s'ancre dans sa souffrance. Des paroles bienfaisantes et douces, des gestes apaisants (tenir la main pendant une minute ou deux) sont alors de mise. Il convient néanmoins d'être très prudent : un contact personnel de l'intervenant avec le participant peut déclencher une émotion, ce qui est

67 Le nerf phrénique prend racine entre la troisième et la cinquième vertèbre cervicale. De chaque côté du corps, un nerf phrénique descend le long du thorax jusqu'au diaphragme. Le nerf phrénique droit descend entre la plèvre et le péricarde alors que le nerf phrénique gauche contourne l'apex du cœur. Le nerf phrénique régit l'angoisse et l'anxiété et intervient dans le processus de la respiration en favorisant la contraction et la décontraction du diaphragme.

bénéfique, ou alors l'éteindre brusquement. Cela relève de l'intuition et s'apprend par essai et erreur.

Plusieurs personnes souhaitent s'exprimer et partager leur émotion ; le client est invité à le faire à la fin de l'activité. Pour un grand nombre de personnes, le fait de mettre des mots sur l'expérience est profitable.

L'expérience de *rebirth* en groupe est habituellement très intense. Une des caractéristiques, parmi les plus évidentes, c'est qu'on entend les autres respirer. Il se peut que cela dérange au début, mais on s'y fait très vite. Chaque participant fait partie de la respiration de l'ensemble et, à certains moments, on peut avoir l'impression qu'il n'y a qu'une poitrine qui respire, alors qu'en fait, il y a huit à douze participants dans la salle.

On demande aux participants d'adopter la position de l'étoile : couché sur le dos, la tête au milieu et les pieds dirigés vers les murs. Il est important que les épaules des participants ne se touchent pas. En effet, si un participant vit des moments d'agitation, il risque de déranger son voisin.

En général, les séances en groupe sont pilotées par deux intervenants. La coutume est que l'un des deux se place au milieu pour intervenir auprès de la tête, des épaules ou des bras. Quant à l'autre, il circule en cercle autour des pieds, dans le but d'intervenir en cas d'agitation des jambes.

Dans ces séances de *rebirth* en groupe, certains participants finissent avant les autres. Il leur est demandé d'attendre que les derniers aient terminé leur cycle. Si l'un des participants semble s'éterniser, il est possible d'intervenir pour lui suggérer d'achever son cycle en respirant par le nez.

Il est courant de clore un *rebirth* de groupe par une musique solennelle et d'inviter les participants à s'étirer les bras et les jambes, comme le font les chats. Lorsque tout le monde est assis, il est bon de demander un bref compte rendu à chacun. Chaque personne tire un bénéfice de manière directe ou indirecte du feedback des autres.

Le *rebirth* en couple est une expérience très intime entre deux partenaires. Il va sans dire que les deux membres du couple ont à vivre plusieurs séances de *rebirth* en solo avant de l'expérimenter en couple. Ceux qui le désirent peuvent, au moment de commencer l'expérience à deux, se coucher côte à côte et se donner la main, un geste de complicité et d'encouragement. Plus tard, quand les premières sensations ou émotions surgissent, l'un des deux partenaires peut retirer sa main et la placer à sa guise sans déranger l'autre partenaire.

À la fin d'un *rebirth* en couple, lorsque les partenaires se sont étirés et se retrouvent en position assise, nous recommandons un moment de silence, les yeux dans les yeux afin que chacun soit en lien avec l'autre. Ensuite, chacun sera invité à donner son feedback. L'animateur peut, s'il le sent pertinent, se retirer à ce moment précis afin de permettre aux échanges intimes de se dérouler sans sa présence.

La musique durant le *rebirth* est une option que les intervenants choisiront en fonction du groupe. En ce qui nous concerne, nous sommes en faveur de faire jouer plusieurs pièces différentes selon ce qui se passe dans la salle : musique rythmée, musique douce et planante, musique instrumentale (sans paroles), piano solo, etc. Il va sans dire que les pièces bruyantes, rock, heavy métal et autres du même genre, sont à proscrire. En effet, elles inciteraient plutôt à l'évasion qu'à un recueillement ou à un contact avec soi. Aussi, il est préférable d'éviter les pièces trop connues qui risquent d'évoquer des souvenirs précis aux participants (*l'Hymne à la joie* de Beethoven). Finalement, il est utile que les intervenants disposent d'un choix de plusieurs CD afin de faire jouer la bonne musique au bon moment en fonction de ce qui se passe dans la salle. Cette démarche relève aussi de l'intuition et s'apprend par essai et erreur.

Conclusion

L'habitude d'une expiration relâchée favorise un nettoyage constant des tensions physiques et émotives qui peuvent s'accumuler[68]. La reconnaissance d'un blocage respiratoire au moment où il se produit prévient toute élévation du stress.

Au quotidien, quelques pauses avec des mouvements respiratoires lents et profonds permettent de régulariser les systèmes nerveux et sanguin, de relâcher les muscles et de créer un vide intérieur bienfaisant. De plus, le simple fait de placer son attention sur sa respiration apporte le calme, comme peut le faire toute concentration physique et mentale sur un objet lors d'une méditation.

Nous avons vu que la respiration est très liée à notre vie psychologique. Notre capacité de respirer pleinement est considérablement réduite à la suite de divers traumatismes. C'est ainsi qu'une rééducation du souffle par la palingénésie permet de prendre conscience des émotions qui nous habitent, de les exprimer avec plus de souplesse et finalement d'intégrer le passé.

---

68 Une accumulation excessive de ces tensions donne lieu à une « armure » et à des « goulots d'étranglement », décrits sous le nom de « cuirasse musculaire » par W. Reich d'abord, et ensuite par A. Lowen, psychiatre et psychothérapeute.

À la lumière de tout ce qui précède, il est permis de dire que le *rebirth* est une technique d'abandon, de lâcher-prise. En guise d'illustration de ce concept, on raconte l'histoire d'un homme[69] qui exerce un métier assez rare : trapéziste. À l'âge de vingt-neuf ans, il était proche de la fin de sa carrière active. Celui-ci rapporte que ses plus grands moments de bonheur ne duraient qu'une seconde ! Après un premier aller-retour sur son trapèze, il le lâche, il fait une pirouette et attrape les poignets de son partenaire d'en face. Même opération au retour. Entre les deux, notre homme est suspendu dans les airs, entre ciel et terre, sans aucune attache. Durant ce court instant, le lâcher-prise prend sa pleine valeur. On peut dire qu'il expérimente la sensation de vide dans l'acceptation totale. Ce que ce témoignage nous apporte, c'est le fait que nous, citoyens ordinaires, qui ne pratiquons pas le trapèze volant, vivons accrochés à notre famille, notre compte en banque, notre travail, nos biens… C'est ce que nous avons tous appris à faire. Il ne nous appartient pas, bien entendu, de renoncer à tout cela. Mais peut-être pouvons-nous apprendre à vivre dans le lâcher-prise : la pratique du *rebirth* nous y conduit. Le lâcher-prise en psychothérapie permet d'atteindre plus facilement une profondeur relationnelle avec le thérapeute. Pour qu'un processus de relation d'aide ait du succès, baisser sa garde facilite grandement l'intervention et milite en faveur de la réussite de l'opération.

La respiration nous met en contact direct avec notre désir de vivre. Elle nous relie à notre énergie « air », à la

---

69 Entendu dans une conférence aux États-Unis, dans un centre de méditation bouddhiste.

fois organique et spirituelle[70]. Au rythme de l'inspiration et de l'expiration, notre corps nous donne l'occasion de goûter aux bienfaits, à chaque fois renouvelés, d'une respiration profonde, détendue et de plus en plus consciente.

Les lecteurs qui souhaitent vivre l'expérience de la palingénésie peuvent solliciter des psychologues ou des psychothérapeutes membres de leur ordre professionnel à la condition expresse que ces derniers aient suivi une formation dans cette discipline.

70 « Souffle de vie » selon les chrétiens, ou « Prana » selon les hindous.

Bibliographie

ABBONDIO, I. (1994) *Traumatisme de la naissance et souffle dans la psychologie occidentale* : *Manuel de référence à l'usage des thérapeutes du souffle.*

ASSOCIATION PALINGÉNÈSE. (avril 1991). Souffle, *Revue n°* 1. France.

ASSOCIATION PALINGÉNÈSE. (septembre 1989). Palingénèse – Actes du premier colloque de Palingénèse. Abbaye de Royaumont, France.

AUBERT, V. (2000). *Le Rebirth*. Éd. Vivez Soleil.

AUBRY, C.-M. (1995). *Rire, amour, rebirth*. Éd. Guy Trédaniel.

BAUDIN, P., TORA, M. (1995). *La Respiration holotropique, vers une conscience élargie de soi-même et du monde.* Éd. Le Souffle d'or.

BENSON, H. ; LEHMANN J. W. ; MALHOTRA, M. S. ; GOLDMAN, R. F. ; HOPKINS, J. ; EPSTEIN, M. D. (1982). *Body temperature Changes during the Practice of* Tum-mo Yoga. Nature Publishing Group, vol. 295, n° 5846, p. 234.

BERNARDI, L., PORTA, C., SLEIGHT, P. (2006). *Cardiovascular, Cerebrovascular, and Respiratory Changes Induced by Different Types of Music in Musicians and Non-Musicians* : *The Importance of Silence.* Heart, 92, n° 4, 445-452.

BIGNON, J. et al. (1992). L'*Asthme, 20 spécialistes vous parlent*. Éd. Armand Colin.

BOURNÉRIAS, F. (2017). *Hypoxie & anoxie*. In Universalis Éducation [en ligne]. Encyclopædia Universalis, consultée le 6 mars 2017. Disponible sur http://www.universalis-edu.com/encyclopedie/hypoxie-et-anoxie/

BRABANT, I. (2001). *Pour une naissance heureuse*. Éd. St-Martin.

BROADBENT, E., KAHOKEHR, A., BOOTH, R. J., THOMAS, J., WINDSOR, J. A., BUCHANAN, C. M.,... & HILL, A. G. (2012). *A Brief Relaxation Intervention Reduces Stress and Improves Surgical Wound Healing Response : A Randomised Trial*. Brain, Behavior, and Immunity, 26, n° 2, 212-217.

BROWN, R. P., GERBARG, P. L. (2005). *Sudarshan Kriya Yogic Breathing in the Treatment of Stress, Anxiety, and Depression : Part I-Neurophysiologic Model*, Journal of Alternative & Complementary Medicine, 11, n° 1, 189-201.

BUSCH, V., MAGERL, W., KERN, U., HAAS, J., HAJAK, G., EICHHAMMER, P. (2012). *The Effect of Deep and Slow Breathing on Pain Perception, Autonomic Activity, and Mood Processing-an Experimental Study*. Pain Medicine, 13, n° 2, 215-228.

BUSCH, V., ZEMAN, F., HECKEL, A., MENNE, F., ELLRICH, J., EICHHAMMER. (2013). *The Effect of Transcutaneous Vagus Nerve Stimulation on Pain Perception-an Experimental Study*. Brain Stimulation, 6, n° 2, 202-209.

CAMATTARI, G. (1992). *Relaxation totale : Les 10 méthodes les plus modernes et efficaces*. Éd. De Vecchi.

CENTRE L'AUTHENTIQUE. (1993). *La palingénèse, regards professionnels*, vidéo. Vingt et une minutes.

CHEN, K. W., COMERFORD, A., SHINNICK, P. ZIEDONIS, D. M. (2010). *Introducing Qigong Meditation into Residential Addiction Treatment*: A Pilot Study *Where Gender Makes a Difference*. Journal of Alternative and Complementary Medicine, 16 n° 8, 875-882.

CIGAP.ORG, CABINET INTERNATIONAL DE GESTION ET D'AIDE PSYCHOLOGIQUE. (2009). *Décompensation*. Source : http://www.cigap.org/? +-Decompensation-+ Site consulté le 22-01-2017.

COLLECTIF. (1991). Verbatim de la vidéo « *La palingénésie : quatre opinions professionnelles* ». Éd. Centre l'Authentique.

COURCHET, J. (1974). *La respiration dynamique relaxante*. Éd. Maloine.

COX, M. J., OWEN, M. T., HENDERSON, V. K., Margand, N. A. (1992). *Prediction of Infant-Father and Infant-Mother Attachment*. Developmental Psychology, 28, n° 3, 474-483.

DE PANAFIEU, J. (1997). *Le rebirth*. Éd. Bernet-Danino.

DE VINCI, A.-M. (1994). *La respiration consciente, l'art du rebirthing*. Éd. Ronan Denniel.

DIDIER, F. (2006). *Relaxation Techniques : Rebirthing, Autogenic Training and Guided Imagery to Reduce Stress in Cancer Patients During and After Treatment*. Psycho-Oncology, 15, n° S2, S224.

DILLBECK, M. C., CAVANAUGH, K. L. (2016). *Societal Violence and Collective Consciousness : Reduction of* US *Homicide and Urban Violent Crime Rates*. SAGE Open, 6, n° 2, 1-16.

DURKHEIM, É. (1893). De la division du travail social, Livre I. Éd. (électronique de J.-M. Tremblay) Les Presses universitaires de France (1967).

FREY, W. H. (1990). St. Paul-Ramsey Medical Center St. Paul, Minnesota, Communication personnelle (1976).

FREY, W. H., DESOTA-JOHNSON, D., HOFFMAN, C., MCCALL, J. T. (1981). *Effect of Stimulus on the Chemical Composition of Human Tears*, American Journal of Ophthalmology, 92, n° 4, 559-567.

GLAESER, E. L., SACERDOTE, B., SCHEINKMAN, J. A. (1996). *Crime and Social Interactions*. The Quarterly Journal of Economics, 111, n° 2, 507-548.

GOTOH F., MEYER J. S., TAKAGI, Y. (1965). *Cerebral Effects of Hyperventilation*. In Man, Archives of Neurology, 12, 410-423.

GRANT, S. B., GOLDMAN, A. (1920). A *Study of Forced Respiration* : *Experimental Production of Tetany*. American Journal of Physiology, 52, n° 2, 209-232.

GROF, S. (1985). *Psychologie transpersonnelle*. Éd. Du Rocher.

HOF, I. (2016). *The Wim Hof Method Explained* (Trad. Claire van den Bergh). *Éd. Enahm Hof/ Innerfire.*

HUMPHREY, J. A. et PALMER, S. (1987). *Stressful Life Events and Criminal Homicide*. OMEGA-Journal of Death and Dying, 17, n° 4, p. 299-308.

HOWES, R. (2010). *Cool Intervention #9 : The Empty Chair*, Psychology Today. Source : https://www.psychologytoday.com/blog/in-therapy/201001/cool-intervention-9-the-empty-chair-1. Site consulté le 22-01-2017.

JACOBSON, B., BYGDEMAN, M. (1998). *Obstetric Care and Proneness of Offspring to Suicide as Adults : Case-Control Study*. British Medical Journal, 317, n° 7169, p. 1346-1349.

JALLAN, C. (1988). *Psychanalyse et dynamique du souffle*. Éd. Dunod.

JAMES, A. (2009). *Baby's First Breath, About Kids Health*. Source : http://www.aboutkidshealth.ca/En/ResourceCentres/PregnancyBabies/NewbornBabies/YourNewbornBabysBody/Pages/Babys-First-Breath.aspx Site consulté le 22-01-2017.

JANOV, A. (1970). *Le cri primal*. Éd. Flammarion.

JANOV, A. (1973, 1977). *L'amour et l'enfant*. Éd. Flammarion.

JARVINEN, D. W., NICHOLLS, J. G. (1996). *Adolescents' Social Goals, Beliefs about the Causes of Social Success and Satisfaction in Peer Relations*, Developmental Psychology, 32, n° 3, 435.

JERATH, R., EDRY, J. W., BARNES, V. A., & JERATH, V. (2006). *Physiology of Long Pranayamic Breathing : Neural Respiratory Elements May Provide a Mechanism that Explains How Slow Deep Breathing Shifts the Autonomic Nervous System*. Medical Hypotheses, 67 n° 3, 566-571.

KAGOTANI, T. (1989). *Respirez mieux*. Éd. M. A.

KELLER R., GERBER H. (1979). « Le syndrome d'hyperventilation chronique, Médecine et Hygiène », *Revue médicale suisse*, n° 37, 4301-4304.

KRISTELLER, J. L., JOHNSON, T. (2005). *Cultivating Loving Kindness : A Two Stage Model of the Effects of Meditation, Compassion and Altruism*. *Zygon*, 40, n° 2, 391-408.

LAVOISIER, A. L. (1789). *Traité élémentaire de chimie*. Éd. Cuchet.

KOX, M., VAN EIJIK, L. T., ZWAAG, J., VAN DEN WILDENBERG, J., SWEEP, F. C., VAN DER HOEVEN, J. G., PICK-

KERS, P. (2014). *Voluntary Activation of the Sympathetic Nervous System and Attenuation of the Innate Immune Response in Humans*. Proceedings of the National Academy of Sciences, 111 n° 20, 7379-7384.

LEBLANC, J., DULAC, S., COTE, J., GIRARD, B. (1975). *Autonomic Nervous System and Adaptation to Cold in Man*. Journal of Applied Physiology, 39, 2, 181-186.

LEBOYER, F. (1990). *Pour une naissance sans violence*. Éd. du Seuil.

LE CERVEAU À TOUS LES NIVEAUX! *L'amygdale et ses alliés*. Source : http://lecerveau.mcgill.ca/flash/i/i_04/i_04_cr/i_04_cr_peu/i_04_cr_peu.html http://lecerveau.mcgill.ca/flash/d/d_04/d_04_cr/d_04_cr_peu/d_04_cr_peu.html Sites consultés le 30-03-2017.

LE CERVEAU À TOUS LES NIVEAUX ! La synapse. Source : http://lecerveau.mcgill.ca/flash/d/d_01/d_01_m/d_01_m_ana/d_01_m_ana.html Site consulté le 28-03-2017.

LEVADOUX-FEUILLETTE, D. (1989). *Renaître, vers une psychanalyse du souffle*. Éd. Psyché.

LE PETIT ROBERT. (2016). Éd. Le Petit Robert.

LOEHR, J. E. (1986). *Take a Deep Breath*. Éd. Villard Books.

LOWEN, A. (1977). *Lecture et langage du corps*. Éd. St. Yves. https://fr.wikipedia.org/wiki/Alexander_Lowen Site consulté le 15-01-2017.

LOWRY, T. P. (1990). *Hyperventilation et hypoventilation*. *Journal of Biological Experience*, vol. 2, n° 2. Traduction de l'anglais au français.

MALO, J.-L., TOOGOOD, J. H., TAMES, P. (1989). *Prendre le temps de respirer*. Éd. Grosvenor.

MARTARELLI, D., COCCHIONI, M., SCURI, S., POMPEI, P. (2011). *Diaphragmatic Breathing Reduces Exercise-Induced Oxidative Stress*. Evidence-Based Complementary and Alternative Medicine, 2011.

MASLOW, A. (1962). *Religious Values and Peak Experiences*. Éd. Ohio State University Press.

MCMILLAN, M., MCLEOD, J. (2006). *Letting Go: The Client's Experience of Relational Depth/Lâcher Prise: Le vécu du client dans la profondeur relationnelle*. Person-Centered & Experiential Psychotherapies, 5, n° 4, 277-292.

MEHLER, J., JUSCZYK, P., LAMBERTZ, G., HALSED, N., BERTONCINI, J., AMIEL-TISON, C. (1988). *A Precursor of Language Acquisition in Young Infants*. Cognition, 29, n° 2, 143-178.

MOCKEL, M., ROCKER, L., STORK, T., VOLLERT, J., DANNE, O., EICHSTADT, H., MULLER, R., HOCHREIN, H. (1994). *Immediate Physiological Responses of Healthy Volunteers to Different Types of Music: Cardiovascular, Hormonal and Mental Changes*. European Journal of Applied Physiology and Occupational Physiology, 68, n° 6, 451-459.

MORYS, J., BERDEL, B., KOWIANSKI, P., DZIEWIATKOWSKI, J. (1997). *The Pattern of Synaptophysin Changes during the Maturation of the Amygdaloid Body and Hippocampal Hilus in the Rat*. Folia Neuropathologica/Association of Polish Neuropathologists and Medical Research Centre, Polish Academy of Sciences, 36, n° 1, 15-23.

MUIZELAAR, J. P., MARMAROU, A., WARD, J. D., KONTOS, H. A., CHOI, S. C., BECKER, D. P.,... YOUNG, H. F. (1991). *Adverse Effects of Prolonged Hyperventilation in Patients with Severe Head Injury* : *A Randomized Clinical Trial*. Journal of Neurosurgery, 75, n° 5, 731-739.

OBJECTIF SANTÉ GLOBALE. *Cancer*. Source : https://www.alasanteglobale.com/simonton.html Site consulté le 11-01-2017.

ORNSTEIN R., THOMPSON R. (1987). *L'incroyable aventure du cerveau*. Éd. Inter-Éditions.

ORR, L., HALBIG, K. (1994). *Rebirth*. Éd. Dangles.

PAL, G. K., VELKUMARY, S., MADANMOHAN. (2004). *Effect of Short-Term Practice of Breathing Exercises on Autonomic Functions in Normal Human Volunteers*, Indian Journal of Medical Research, 120, n° 2, p. 115-121.

PAYNE, C., MACHADO, C. J., BLIWISE, N. G., BACHEVALIER, J. (2010). *Maturation of the Hippocampal Formation and Amygdala in Macaca Mulatta* : *A Volumetric Magnetic Resonance Imaging Study*. Hippocampus, 20, n° 8, 922-935.

PHAKYAB RINPOCHÉ, SRIL-REVER, S. (2014). *La méditation m'a sauvé*. Éd. Cherche midi.

PIBRAM, K. H. (1971). *Languages of the Brain*. Éd. Prentice Hall.

RAAB, K. (1991). « Le syndrome d'hyperventilation et la respiration dans le processus du Rebirth. » *In* : *Souffles*, Revue de l'Association Palingénèse, avril 1991, no 1, p. 63 à 76.

RANK, O. (1924). *Le traumatisme de la naissance*. Éd. Payot.

REICH, W. (2006). *L'analyse caractérielle*. Éd. Payot.

RICHARDSON, M. P., STRANGE, B. A., DOLAN, R. J. (2004). *Encoding of Emotional Memories Depends on Amygdala and Hippocampus and their Interactions*. Nature Neuroscience, 7, n° 3, 278-285.

ROSENBERG, J. L., RAND, M. (1989). *Le Corps, le soi et l'âme*. Éd. Québec Amérique.

SALTZMAN, C., MATTHEWS-SIMONTON, S., CREIGHTON J. (1990). *Guérir envers et contre tout*. Éd. De l'Épi.

SCHWALFENBERG, G. K. (2011). *The Alkaline Diet: Is There Evidence that an Alkaline pH Diet Benefits Health?* Journal of Environmental and Public Health, 2012, 1-8.

SCOVILLE, W. B., MILNER, B. (1957). *Loss of Recent Memory after Bilateral Hippocampal Lesions*. Journal of Neurology, Neurosurgery & Psychiatry, 20, n° 1, 11-21.

SHANNAHOFF-KHALSA, D. (1991). *Lateralized Rhythms of the Central and Autonomic Nervous Systems*, International Journal of Psychophysiology, 11, 225-251. Source: https://www.researchgate.net/profile/David_Shannahoff-Khalsa/publication/21357719_Lateralized_rhythms_of_the_central_and_autonomic_nervous_systems/links/02e7e5257782bf368b000000.pdf. Site consulté le 05-01-2017.

SIDELSKY, R. (1995). *Rebirth, le pouvoir libérateur du souffle*. Éd. Guy Trédaniel.

SISSON, C. P. (1985). *Rebirthing Made Easy*. Éd. C. P. Sasson, Total Press.

TANG, Y. Y., MA, Y., WANG, J., FAN, Y., FENG, S., LU, Q.,... POSNER, M. I. (2007). *Short-Term Meditation Training Impro-*

ves Attention and Self-Regulation. Proceedings of the National Academy of Sciences, 104, n° 43, 17152-17156.

THOMPSON, C. (2017). *You're Breathing all Wrong*. Source : http://www.mensjournal.com/magazine/you-re-breathing-all-wrong-20130227. Site consulté le 31-03-2017.

TORTORA G. J., ANAGNOSTAKOS N. P. (1988). *Principes d'anatomie et de physiologie*. Éd. CEC.

UMA, K., NAGENDRA, H., NAGARATHNA, R., VAIDEHI, S., SEETHALAKSHMI, R. (1989). *The Integrated Approach of Yoga : A Therapeutic Tool for Mentally Retarded Children : A One-Year Controlled Study*. Journal of Mental Deficiency Research, 33 n° 5, 415-421.

WALLACE, S. T., ALDEN, L. E. (1995). *Social Anxiety and Standard Setting Following Social Success or Failure*, Cognitive Therapy and Research, 19, n° 6, p. 613-631.

WAN DER HEYOTEN, L. (1990). *Le souffle vital*. Éd. L'Originel.

WEBB KELLEY, J. (2015). *Acid Vs. Alkaline in the Body*. Source : http://www.livestrong.com/article/494847-nuts-alkaline-forming/. Site consulté le 25-03-2017.

WEIL, A. (1999). *Breathing : The Master Key to Self Healing (The Self Healing Series)*, CD audio.

YOGI, M. (1976). *Creating an Ideal Society : A Global Undertaking*. Éd. Maharishi European Research University Press.

Remerciements

À Chantal Jetté (M.Ps.) pour avoir effectué la transcription des textes à partir de la vidéo.

À Valérie-Reine Marcil (consultante en gestion) pour avoir tapé les notes de la première moitié de cet ouvrage.

À Véronique Sicard (biologiste) et Nathalie Courtemanche (inhalothérapeute) pour leur contribution à la section « Corps et respiration : une approche biologique de la palingénésie ».

À Léna Gauthier-Paquette (sexologue) pour sa collaboration à la révision linguistique de cet ouvrage.

Aux personnes suivantes : Dr Christophe Nowakowski (psychiatre), Dr Pierre Goyer (médecin), Nadine Gueydan (psychologue), et Éliette Tanguay (infirmière), pour avoir livré une part importante de leur savoir aux auteurs.

À Sylvie Garon pour avoir contribué aux ressources logistiques.

Aux Drs Pierre Goyer et Jacques Madelaine (médecins) pour la révision globale de cet ouvrage.

Témoignages

https://www.youtube.com/watch?v=WnnrLJ3DSg0
https://www.youtube.com/watch?v=EPNQK8nO9Dc

Table des matières

100 % PCF BIOGAZ ÉNERGIE PERMANENT

FSC www.fsc.org MIXTE Papier issu de sources responsables FSC® C100212

L'intérieur de ce livre est imprimé sur Rolland Enviro Édition blanc, 110M texte.
Ce papier contient 100 % de fibres postconsommation, est fabriqué
avec un procédé sans chlore et à partir d'énergie biogaz.
Il est certifié FSC®, Rainforest Alliance[MC] et
Garant des forêts intactes[MC].

Achevé d'imprimer
au mois de septembre 2019 sur les presses de
l'imprimerie Gauvin à Gatineau (Québec)